구석구석 찾아낸 서울의 숨은 역사 이야기 ③

천명을 타고났구나! - 살곶이다리

글 권영택 | 그림 김건

책먹는아이

| 머리말 |

미래를 내다볼 수 있는 혜안을 기르는 방법

　우리가 역사를 배우고 선조들이 남긴 문화유산을 보호하고 가꿔야 하는 이유는 무엇일까요?
　우선은 역사가 지나간 과거이기는 하지만, 사람이 만들어가는 역사는 계속해서 반복되는 것이기에 과거의 역사를 통해 미래를 내다볼 수 있는 혜안을 기를 수 있기 때문에 역사를 배우는 것입니다.
　또한 오늘을 사는 우리에게는 우리가 만들어낸 역사와 더불어 우리의 선조들이 남긴 훌륭한 문화유산을 우리의 후손들에게 잘 전달해 줄 의무가 있기 때문입니다. 지금 당장은 경제적 가치가 없는 것처럼 보일지 모르지만, 선진국일수록 문화유산을 보호하고 아끼는 것을 보면 꼭 그렇지만도 않은 것 같습니다. 아니, 오히려 문화유산은 값으로 따질 수 없는, 그 이상의 의미를 지닌 것이라고 할 수 있을 것입니다.

　거리에 굴러다니는 돌멩이 하나라도 함부로 할 수 없는 이유가 바로 여기에 있습니다. 이 책이 역사를 배워야 하는 이유, 우리의 문화유산을 보호하고 가꾸어야 하는 이유에 대해 조금이라도 답이 되었으면 하는 바람입니다.

3권에서는 다음과 같은 내용을 다루고 있습니다.

　마른냇골 – 허균, 유성룡, 이순신 등 역사상 위인들이 많이 배출되었다는 마른 냇골. 바로 지금의 충무로 근방을 가리킵니다. 과연 자리가 명당이어서일까요?

　압구정 – 모사꾼 한명회가 지은, 호화로운 정자 압구정. 그 이웃한 곳의, 고려 말의 충신 조운흘이 살았던 초막. 우리가 사는 동안 왜 역사를 무서워해야 하는지 알게 해 주는 내용입니다.

　오금동 – '아이고, 오금이 저린다!' 이런 말 들어 본 적 있나요? 많이 걷거나 하면 이런 증상이 일어나는데, 오늘날의 송파구 오금동이라는 지명에 얽힌 얘기 좀 들어 보세요.

　사육신 – 어린 단종을 몰아내고 임금 자리를 차지하려는 수양대군에 끝까지 항거하다 목숨을 잃은 여섯 신하, 사육신 이야기.

　왕자의 난 – 태조 이성계의 아들들이 왕위를 놓고 벌인 피비린내나는 왕권 쟁탈전.

　이 밖에도 탄천에 얽힌 삼천갑자 동방삭 이야기, 양반들도 함부로 대하지 못했다는 명륜동 노비들 이야기, 함흥차사라는 고사성어의 유래 등 구석구석 찾아낸 흥미진진한 이야기가 많이 담겨 있습니다.

글쓴이 *권영택*

| 차례 |

제3차 모험 출발~! • 12

제1장 인물이 마르지 않아서 - 마른냇골

정말 용들이 났던 개천, 마른내 • 17
악을 덕으로 갚은 현자, 노수신 • 20
자리가 명당인가, 태어날 때부터 인물인가? • 26

알쏭달쏭 역사 확대경 권율 장군과 행주대첩 | 의병장 조헌 | 사명대사 • 36

제2장 갈매기와 친할 수도 있었을 텐데 - 압구정

갈매기가 날고 뱃놀이를 즐기던 압구정 • 43
양심을 속이면 해오라기도 피해 간다네 • 49
고려 말의 충신 조운흘이 살았던 초막 • 53

제3장 숯을 씻는 저승사자 - 탄천

오래 오래 살고 싶어라 • 61
저승 장부에서 이름이 빠진 동방삭 • 65

알쏭달쏭 역사 확대경 명부전의 시왕 | 불교 의식과 효심의 일치 • 70

제4장 아이고, 내 오금이야! - 오금동

한이 서린 백토고개 • 75
치욕의 역사를 대변하는 삼전도비 • 83

알쏭달쏭 역사 확대경 정묘호란 | 병자호란 • 89

제5장 반말하지 마시오! - 명륜동

성인을 모시는 노비라면 격이 달라 • 95
나라를 위한 바른소리 집단, 권당 • 103

알쏭달쏭 역사 확대경 주자학을 들여온 안향 | 기묘사화 • 109

제6장 삭풍은 나무 끝에 불고 - 농업박물관

늙은 충신은 피를 흘리고 • 115
충신들을 죽이고 임금 자리를 차지하다 • 120

알쏭달쏭 역사 확대경 4군6진 • 126

임 향한 일편단심 • 128
여종의 기지로 살아난, 박팽년의 후손 • 132
세조의 노력은 물거품이 되고 • 135

알쏭달쏭 역사 확대경 계유정란 | 사육신과 생육신 • 140

제7장 천명을 타고났구나! - 살곶이다리

아비의 노여움을 산 아들, 이방원 • 145
함흥차사가 된 박순의 기지 • 149
아들을 향해 화살을 날린 아비, 이성계 • 153

알쏭달쏭 역사 확대경
제1차 왕자의 난 |
제2차 왕자의 난 • 158

제3차 모험 출발~!

엄마는 왜 내 인생을 엄마 맘대로 하려고 하는 걸까? 분명 나한테 먼저 의논을 하고 할머니랑 약속하는 게 맞는 거 아닌가?

아, 속상해. 이건 분명 엄마 잘못이야. 그렇다고 정호 오빠 얘기를 엄마한테 할 수도 없고. 지난 주에 헤어질 때 이번 주에는 더 재미있는 견학을 하기로 약속했는데 말이야.

나는 할 수 없이 정호 오빠에게 메일을 보냈어. 나는 살짝 거짓말을 할 수밖에 없었어. 오빠를 실망시키고 싶지 않았거든. 사실

은 내가 가고 싶은 마음이 더 커서 그럴지도 몰라.

헉! 이건 뭐지? 말도 안 돼!

나는 너무 속이 상했어. 그래서 거실로 뛰쳐나가 신문을 읽고 있는 엄마에게 괜히 화풀이를 했어.

"엄마 때문에 이게 뭐야? 내 인생 꼬이면 엄마 책임이야!"

"얘가 얘가, 뜬금없이 무슨 소리야?"

"몰라, 몰라! 무조건 엄마 책임이야!"

나는 방문을 쾅 닫고 들어왔어. 일주일을 기다리느라 얼마나 지루했는데, 또 일주일을 기다려야 한단 말이야? 아이 정말.

그런데 오빠는 도대체 무슨 일일까? 여기에 오빠가 나 말고 아는 사람이 또 있다는 말이야?

나는 머릿속이 너무 복잡해졌어. 하루라도 빨리 오빠를 만나 궁금증을 풀고 싶었어. 하지만 달리 방법이 없었어. 다음 주까지 기다리는 수밖에……

정말 용들이 났던 개천, 마른내

　여기 한복판에 '마른내'라는 개천이 있었단다.
　"여기에요? 지금은 없잖아요. 그리고 미리내는 들어 봤지만, 마른내는 처음 들어 보는데요?"
　맞아, 미리내는 '은하수'의 순우리말이야. 그렇다면 마른내는 뭘까?
　마른내란 '(물이) 마르다'와 '내(개천 또는 시내)'가 합쳐진 말로, '물이 없는 개천'이라는 뜻이야. 마른내는 평소엔 물이 없어서 먼지만 풀풀 날리다가 비가 오면 그제야 물이 철철 넘쳐 개천 구실을 했다고 하지.

　마른내는 바로 여기, 지금은 번화가로 바뀐 충무로 부근에 있었어. 남산에서 시작해 옛날의 청학동인 지금의 남산 한옥마을을 지나 쭉 내려오다가 충무로 명보극장 부근을 거쳐 청계천으로 흘러들어가던 작은 시내였지.
　이야기를 시작할 때 지금은 이 마른내가 없어졌다고 했지? 그러나 아주 없어진 것은 아니야. 위에 뚜껑을 덮어(복개)

남산골 한옥마을
남산골 제모습 찾기 사업의 일환으로 조성한 마을로, 1998년 개관하였다.

차가 다니는 도로로 쓰고 있을 뿐이니까.

비록 우리 눈에 보이지는 않지만 지금도 땅 밑에 엄연히 존재하고 있는 거지. 지금도 뚜껑 덮은 그 도로에는 '마른냇길'이라는 이름이 붙여져 있어.

그런데 뜬금없이 웬 마른내 타령이냐고? 그건 이 마른내 부근에서 역사상 훌륭한 위인들이 많이 태어났거나 살았다는 것을 설명하기 위해서야.

도대체 얼마나 많은 훌륭한 분들이 마른내 부근에서 태어나고 살았기에 서론이 이렇게 거창하냐고 하겠지?

소개하기에도 숨이 벅찰 정도로 많은 분들이 있어.

우선 집현전 학사 정인지가 여기에서 태어나고 자랐으며, 세조가 자신의 오른팔처럼 아꼈던 양성지, 가난하게 살면서도 깨끗한 성품으로 많은 백성들의 존경을 받았던 김수온이란 학자도 이 곳 출신이야.

《홍길동전》의 저자 허균 역시 2대에 걸쳐 이 곳에서 살았고,

❶ **김수온(1409~1481) 묘** 세종 때 문과에 급제하여 집현전 학사가 되었다. 학문과 문장에 뛰어나 서거정, 성삼문 등 당대의 학자들과 함께 이름을 떨쳤다. 충청북도 영동군 용산면. ❷ **귀암사** 양성지(1414~1482)를 기리기 위해 1922년 세운 사당이다. 양성지는 민생 안정을 위해 각 지방에 의료기관 설치를 주장하였고, 과거 시험에 대해서도 현실에 맞게 바꾸도록 요구하였으며, 귀암사 사숙을 열어 지방 교육에도 이바지하였다. 충청남도 금산군 부리면.

❶❷

선조 때 영의정을 지낸 노수신도 여기에서 살았어.

이야기를 꺼낸 김에 노수신에 관한 이야기 하나 살펴볼까?

노수신은 정치도 잘했지만, 덕이 높기로 둘째 가라면 서러워할 사람이었어.

예수님께서 오른뺨을 맞으면 왼뺨도 내놓으라고 하셨는데, 기독교 신자는 아니었지만 예수님의 이런 교훈을 일찍이 실천하신 분이 노수신이었어. 얼마나 덕이 높은 사람이었는가 하면, 다음에 소개하는 이야기로 쉽게 알 수 있을 거야.

악을 덕으로 갚은 현자, 노수신

노수신이 억울한 누명을 쓰고 진도에서 귀양살이를 하고 있을 때였어.

그 당시 유배지로 유명했던 진도의 군수는 홍인록이란 사람이었어.

이 사람의 성품을 말하자면, 윗사람에게 아부하기를 좋아하고 자기보다 약한 사람들은 업신여기는 비열한 성격의 소유자였다고 해.

성격이 이러했으니, 홍인록은 남들이 꺼리는 유배지 진도에서

옥연사
노수신(1515~1590)의 덕을 추모하기 위해 세운 사당이다.
노수신은 진도에서 19년간 귀양살이를 하면서 이황 등과 서신으로 학문을 토론하였고, 선조 때 다시 기용되어 영의정까지 올랐다. 경상북도 상주시 화서면.

근무하는 일이 그리 심심하지는 않았을 거야. 진도에는 귀양살이하는 사람이 많았을 것이고, 그들 모두는 홍인록에게 심심풀이 과녁이 되어 주었을 테니까.

하여튼 홍인록은 귀양 사는 사람들을 괴롭히는 재미로 살았다고 해. 노수신이라고 해서 예외였을까? 홍인록의 성격이 어디 갔겠어?

배급된 쌀을 좁쌀로 바꾸어 주는가 하면, 노수신의 하인이 주인을 위해서 피리를 불자 죄인 주제에 향락을 즐긴다 하여 그 하인을 감옥에 가두기까지 했지.

노수신이 보통 사람 같으면 이렇게 이를 갈았을 거야.

"네 이놈, 어디 두고 보자! 내가 누명을 벗고 다시 복직되면 너를 그냥 두지 않으리!"

그러나 노수신은 홍인록이 못되게 굴 때마다, 허허 웃으면서 이렇게 중얼거리기만 했대.

"쯧쯧… 그 사람, 머리는 좋은 것 같은데 목민관*으로서는 덕이 아주 부족하구먼."

목민관 백성들을 다스리는 벼슬아치.

노수신이 귀양지에서 이렇게 어려운 생활을 하고 있던 어느 날이었어.

"노수신은 들으시오. 누명이 풀렸으니 얼른 돌아와 짐을 도우시오."

이런 어명이 내려왔어. 귀양이 풀린 것은 물론이고 높은 벼슬까지 보장받게 된 거야. 음지가 양지로 바뀌는 순간이라고나 할까?

노수신이 높은 벼슬에 오르게 되었으니, 그 동안 노수신을 괴롭히는 재미로 살아온 홍인록의 얼굴은 그만 사색이 되고 말았지. 노수신이 마음만 먹으면 진도 군수 정도의 지방 벼슬아치 따위야 파리 목숨 다루듯 할 수 있었기 때문이야.

"이제 난 죽었다. 내가 왜 그랬을까?"

후회했지만 이미 엎질러진 물이었어. 이제 홍인록은 노수신의 처분만 기다릴 수밖에 없었지.

노수신이 진도를 떠나던 날, 홍인록은 그를 태우고 떠나는 조각배가 보이지 않을 때까지 넋을 잃은 채, 멍한 표정으로 수평선만 바라보고 있었어.

 그로부터 그럭저럭 몇 달의 세월이 흘렀어. 그 몇 달 동안 홍인록은 노수신의 보복이 두려워서 밤잠을 제대로 이루지 못하고 있었어. 금세라도 노수신의 보복이 들이닥칠 것만 같았기 때문이야.

음식도 제대로 먹을 수가 없었어. 마치 모래알을 씹는 것 같았기 때문이지. 그의 안색은 눈에 띄게 초췌해졌어.

그러던 어느 날이었어. 홍인록이 기진맥진한 채로 겨우 몸을 일으켜 일을 보고 있는데, 드디어 올 것이 오고야 말았어.

"나리, 한양에서 전령이 도착했습니다!"

부하의 말을 듣는 순간 홍인록은 그만 가슴이 덜컥 내려앉고 말았어. 그러나 돌이킬 수 없는 일. 오히려 홍인록의 마음은 담담해졌어. 매도 먼저 맞는 게 낫지, 남들이 맞는 걸 옆에서 지켜보는 것이 더 고통스러운 법이거든.

'죽기밖에 더하겠어? 모두 내가 저지른 죄이니 달게 받자.'

홍인록은 머리를 조아리고 전령이 읽어 내려가는 어명을 들었어.

"진도 군수 홍인록은 들으시오. 빠른 시일 내에 진도 군수 자리를 정리하고 풍천 부사로 떠날 준비를 하시오."

"예?"

홍인록은 제 귀를 의심했어. 목이 떨어지지 않은 것만도 다행인데, 풍천 부사로 임명하다니!

진도 군수에서 풍천 부사로 간다면 출세도 보통 출세가 아니었어. 그제야 홍인록은 인자한 모습의 노수신의 얼굴이 떠올랐어.

"아, 대감!"

비로소 홍인록은 노수신이 떠나기 전에 자신에게 남긴 말을 이해할 수 있었어.

"목민관이라면 악을 악으로 갚는 일은 없어야 하며, 덕을 키워야 하오. 내 말을 명심하시오."

"잘 알겠습니다."

그 때는 아무 생각 없이 이 말을 듣고만 있었는데, 그게 다 자신에게 기회를 준다는 뜻이었음을 홍인록은 그제서야 깨달은 거지. 홍인록은 노수신이 있는 한양을 향해 몇 번이고 머리를 찧으면서 다짐했어.

"대감! 대감의 말씀을 죽는 그 날까지 제 가슴 속 깊이 간직하고 있겠습니다."

사실 한양에서는 홍인록을 벌하자는 의견이 참 많았다고 해. 노수신의 하인이 윗사람들에게 일일이 홍인록의 만행을 고발했기 때문이지. 그러나 노수신이 이를 말렸다고 해.

"그가 한 짓은 괘씸하지만, 덕만 좀 갖춘다면 홍인록은 훌륭한 관리가 될 거요. 한 번만 더 기회를 줍시다."

과연 홍인록이 개과천선하여 훌륭한 관리가 되었는지 어쨌는지는 알 수 없지만, 이 일화 하나만으로도 노수신이 얼마나 덕이 높은 분이었는지 쉽게 짐작할 수 있겠지?

자리가 명당인가, 태어날 때부터 인물인가?

우리나라 역사에서 위대한 인물이라 할 수 있는 분들이 입을 모아 칭찬한 이 사람은 과연 누구일까? 게다가 임금님까지 스스럼없이 존경한다고 할 정도의 사람이 말이야.

그건 바로 서애 유성룡이야. 임진왜란 때 위기에 처한 나라를

구하는 데 가장 큰 역할을 한 사람이지.

1592년, 호시탐탐 조선 침략의 기회를 엿보던 왜군들이 조총으로 무장하고 현해탄을 건너왔어. 미처 침략에 대비하지 못한 조선 조정은 피난하기에 바빴고, 군사들은 추풍낙엽처럼 쓰러져 갔지.

평화롭던 조선 땅은 순식간에 죄없는 백성들의 피와 왜군들의 발자국으로 더럽혀져 갔어. 바로 임진왜란이 일어난 거야.

충효당 서애 유성룡(1542~1607)의 집이다. 유성룡은 임진왜란 때 영의정으로서 많은 공헌을 한 분으로, 이 집은 지을 당시의 모습을 잘 간직하고 있어 조선시대 민가 건축 연구에 귀중한 자료가 되고 있다. 경상북도 안동시 풍천면.

병산서원 유성룡의 학문과 업적을 기리기 위한 곳으로, 철종 임금으로부터 '병산'이라는 이름을 받아 서원이 되었다.

　당시 영의정이었던 유성룡은 우왕좌왕 어찌 할 바를 모르는 조정을 재정비하고 왜군들을 물리칠 준비를 서둘렀어.
　우선 선조 임금을 의주로 피난시키고, 권율을 도원수로 임명하여 신립, 김시민, 이순신 등의 장수들로 하여금 왜군들과 맞서 싸우도록 했어.

또 명나라에 군사 원조를 요청하는 한편, 실의에 빠진 백성들을 돌보는 일도 게을리하지 않았지.

　결국 온 나라의 백성들과 용감한 군사들 그리고 명나라의 원군에 힘입어, 7년에 걸쳐 이 나라를 괴롭히던 왜군들을 물리칠 수 있었지.

　우리는 임진왜란 하면 보통 이순신, 권율, 김시민 같은 장군들이나 곽재우, 사명대사, 조헌 같은 의병장들만 떠올리지만, 사실 이들을 진두지휘한 유성룡의 역할이야말로 가장 중요한 것이었

충민사 임진왜란 때 전공을 세운 김시민(1554~1592)과 김제갑의 위패를 봉안하고 제향하는 사당이다. 김시민은 임진왜란 3대 대첩 중 하나인 진주대첩(제1차 진주성 전투)을 승리로 이끈 장군이다. 충청북도 괴산군 괴산읍.

❶ **사명대사 석장비**
해인사 홍제암에 있는, 사명대사의 일대기를 기록한 비석으로, 비문은 허균이 지었다. 일제 강점기 때 비문의 내용이 민족혼을 불러일으킬 우려가 있다며 일본인 합천 경찰서장이 네 조각으로 깨뜨린 것을 다시 접합하여 세웠다.

❷ **해인사 홍제암**
사명대사가 수도하다가 세상을 떠난 곳으로, 암자 이름은 사명대사 입적 후 광해군이 내린 '자통홍제존자'라는 시호에서 따온 것이다.

어.

예를 들어 이순신이나 곽재우 같은 사람이 영화의 주연이라면, 이들에게 알맞은 배역을 주어 마음껏 연기력을 발휘할 수 있게 한 감독 같은 사람이 바로 유성룡이었던 거지.

말하자면 '임진왜란'이라는 영화의 감독은 유성룡이었고, 만일 그가 없었다면 조선이 승리하지 못했을 수도 있다고 주장하는 역사학자들이 많아.

덕도 높아 임금은 물론이고 나라의 모든 관리, 학자, 일반 백성

곽재우 장군 유허비
유허비란 위인의 공적을 기리고자 세우는 비이다. 곽재우(1552~1617)는 임진왜란 때 의병장으로서 많은 전공을 세웠다.
경상남도 창녕군 도천면.

들에 이르기까지 어느 누구 하나 유성룡을 따르지 않은 사람이 없었다고 해.

 유성룡이 세상을 떠났을 때, 온 나라 사람들이 자기 일처럼 슬퍼하고 통곡했다는 사실만 보더라도 유성룡이 얼마나 많은 사람들로부터 존경을 받고 있었는지 잘 알 수 있을 거야.

 유성룡이 세상을 떠나던 날, 많은 사람들이 꾸역꾸역 마른내로 몰려들었어. 왜 하필 마른내로 몰려들었냐고? 유성룡 역시 마른내에서 살았기 때문이지.

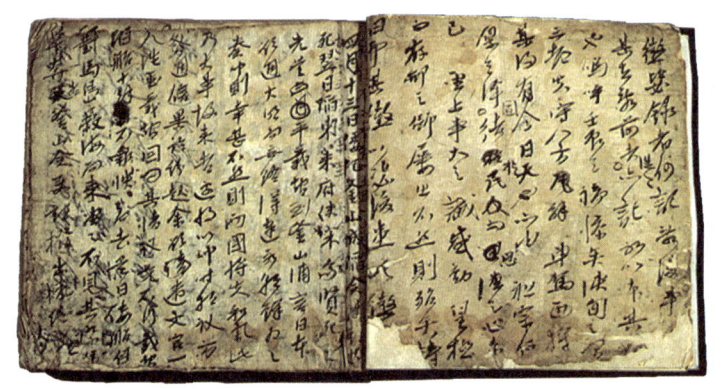

징비록 이 책은 유성룡이 임진왜란 때의 상황을 기록한 것으로, '난중일기'와 함께 임진왜란 전후의 상황을 연구하는 데 귀중한 사료로 평가되고 있다.

이들은 마른내에 멍석을 깔고 앉아 장례식날까지 통곡하며 지냈다고 하는데, 도성 안 사람들뿐만 아니라 경상도와 전라도에서 올라온 선비들도 많았다고 해.

이후에도 사람들은 마른내를 지날 때면 유성룡이 살던 집을 향해 고개를 숙여 유성룡을 기렸다고 하니, 그가 얼마나 큰 존경을 받았던 인물인지 능히 짐작하고도 남음이 있을 거야.

그러나 마른내를 가장 찬란하게 빛낸 사람은 역시 뭐니 뭐니 해도 우리의 영원한 영웅 이순신 장군이 아닐까?

이순신 역시 충청도 아산으로 이사하기 전까지 마른냇골에서 살았어. 여덟 살 되던 해에 아산으로 이사했으니, 일곱 살 때까지 이 곳에서 산 셈이지.

우리가 위인전 등을 통해 잘 알고 있는 내용 중 하나가 장군이 어렸을 때부터 전쟁놀이를 즐겼다는 것인데, 바로 이 마른내 개천이 전쟁놀이터였다고 해.

하긴 물이 없는 개천이었으니 아이들이 뛰어놀기에는 안성맞

춤이었을 거야. 마른내가 바로 이순신 장군이 기개를 키우고 체력을 단련시킨 심신단련장이 되었던 셈이지.

자, 이만하면 마른내에서 훌륭한 사람들이 얼마나 많이 나왔는지 실감이 나지? 그렇다고 해서 훌륭한 사람이 되겠다고 마른내로 이사를 가자고 부모님을 조르지는 말길 바라. 마른내에서 태어나고 산다고 해서 저절로 훌륭한 사람이 되는 건 아니니까.

그러기보다는 이 곳을 지날 때마다 이 거리가 바로 노수신, 유성룡, 이순신 같은 훌륭한 인물들이 태어났거나 살았던 곳이라는 사실을 떠올리며, '나도 이 분들처럼 훌륭한 사람이 되어야지.' 하고 굳은 결심을 해 보는 것이 더 좋지 않을까?

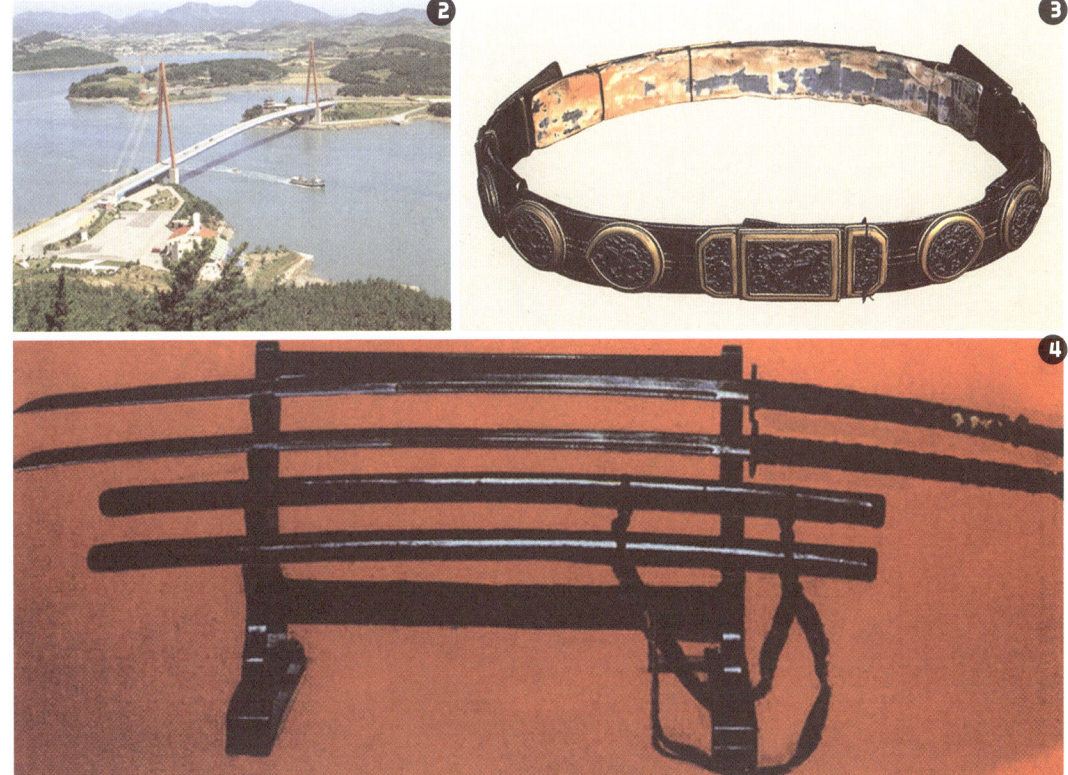

❶ 광화문 네거리에 서 있는 이순신 장군 동상 ❷ 명량해역
❸ 이순신 장군이 쓰던 허리띠 ❹ 이순신 장군이 사용하던 장검

알쏭달쏭 역사 확대경

권율 장군과 행주대첩

권율 장군은 명나라 군대와 합세하여 서울을 수복하기 위해 북상하다가 독산성(독왕산성)에서 일본군을 무찌르고 행주산성으로 진을 옮겼습니다. 이 무렵 왜군은 평양성 전투에서 크게 패하고 총퇴각하여 서울에 집결한 뒤 대규모의 병력을 정비하고 반격을 준비하고 있었습니다.

마침내 왜군은 3만여 명의 대군으로 행주산성을 총공격했습니다. 성 안의

❶ **독산성** 권율 장군이 왜병 수만 명을 무찌르고 성을 지킴으로써 적의 진로를 차단했던 곳이다. 경기도 오산시 지곶동.
❷ **세마대** 권율 장군이 백마를 산 위로 끌어다가 흰쌀로 말을 씻기는 시늉을 해서 왜군이 독산성 안에 물이 풍부한 것으로 오해하여 물러나게 했다는 이야기가 전해지고 있다.

관군과 승군(승려들로 이루어진 군대)은 화살, 총통 등을 쏘아대며 용감히 맞섰습니다. 화살이 다 떨어지자 돌을 던지며 싸웠고, 부녀자들도 치마를 이용하여 돌을 날라 병사들에게 공급해 주었습니다. 이 때 마침 경기수사 이빈이 한강을 거슬러올라와 일본군의 후방을 칠 기세를 보이자 이미 큰 피해를 입은 왜군은 도망가기 시작하였습니다.

행주대첩은 진주대첩, 한산도대첩과 더불어 임진왜란 3대 대첩의 하나로 꼽힙니다. 권율은 이 공로로 도원수로 임명되었고, 왜군은 다시는 서울 이북으로 출병하지 않고 퇴각을 서둘렀습니다.

❸ **옛 행주대첩비** 행주대첩을 승리로 이끈 권율 장군의 공을 기념하기 위해 선조 35년(1602)에 세웠다.
❹ **행주산성 충장사** 권율 장군(1537~1599)의 공덕을 기리기 위하여 세운 사당이다.

 ## 의병장 조헌(1544~1592)

임진왜란이 일어나자 옥천에서 의병 1,600여 명을 모아 영규 대사의 승군과 함께 청주성을 수복하였습니다. 이어 700명의 병사와 함께 금산으로 나아가 전라도로 진격하려던 왜군을 맞아 전투 끝에 모두 전사하였습니다.

이후 조헌 선생의 제자인 박정량과 전승업이 시체를 거두어 무덤을 만들었는데, 이것이 칠백의총입니다.

❶

사명대사(1544~1610)

금강산에서 수도하던 중 임진왜란이 일어나자 승병을 일으켜 평양성 전투에 참가하는 등 여러 전투에서 큰 전공을 세웠습니다. 그 후 전후 네 차례에 걸쳐 적진에 들어가서 회담을 가졌습니다. 일본이 제시한 강화 5조약의 모순을 하나하나 논리적으로 지적하여 그들의 죄상을 낱낱이 밝혔습니다.

또한 일본으로 가서 전란 때 잡혀간 3천여 명의 조선 백성들을 데리고 귀국하였습니다. 병을 얻어 해인사에서 요양하다가 1610년, 결가부좌한 채 입적하였습니다.

❶ **칠백의총** 임진왜란 때 왜군과 싸우다가 장렬히 전사한 의병장 조헌을 비롯한 700명의 병사들을 위한 무덤과 사당이다. 충청남도 금산군 금성면.
❷ **우저서원** 조헌의 학문과 덕행을 기리고 지방의 유학 교육을 담당하기 위해 지은 교육기관이다. 서원 내에 조헌의 위패를 모시고 매년 봄가을에 제사를 지내는 사당이 있다. 경기도 김포시 감정동.
❸ **표충비** 사명대사의 충절을 기리고 있는 비로 '사명대사비' 라고도 한다. 나라에 큰 변란의 징조가 보일 때마다 비에서 땀이 흐른다 하여 '땀 흘리는 표충비' 로도 잘 알려져 있다. 경상남도 밀양시 무안면.

갈매기가 날고 뱃놀이를 즐기던 압구정

 서울시 강남구 압구정동은 돈 많은 사람들이 많이 살고 있어 부자촌으로 불리기도 하고, 최신 패션과 유행의 일번지로서 젊은이들의 행렬이 끊이지 않는 곳이기도 하지.
 그런데 그런 곳이 500여 년 전에는 갈매기를 벗삼아 뱃놀이를 즐기던 곳이라고 하면 믿을 사람이 있을까?
 올림픽대로 위로 자동차가 꼬리에 꼬리를 물고 질주하는 이곳에 바다에서나 볼 수 있는 갈매기가 날아들었다는 사실이 쉽게 상상이 가지 않을 거야.

〈압구정도〉
겸재 정선이 그림.
간송미술관 소장.

아주 먼 옛날 이 곳은, 한강변 어디나 그랬듯이 양화나루, 망원정과 더불어 경치 좋기로 둘째 가라면 서러워할 정도로 풍광이 좋았대. 석양이 뉘엿뉘엿 서쪽 하늘로 기울 때면 서해 바다에서 날아든 갈매기 떼가 한강을 뒤덮었다니, 생각만 해도 얼마나 장관이었을지 상상이 가지 않니?

그런데 이런 아름다운 곳을 더럽힌 사람이 있었어. 바로 한명회라는 사람이지.

텔레비전 사극 드라마의 주인공으로 자주 나왔는데, 들어 본 적 없니? 권람과 함께 수양대군(세조)의 왼팔, 오른팔 노릇을 하며 어린 단종을 몰아내고 수양대군을 임금 자리에 오르게 한 사

한명회(1415~1487) 신도비 신도비란, 고인의 자취를 기록한 비이다. 한명회는 단종 임금을 몰아내고 수양대군을 임금으로 세우는 데 일등으로 공헌한 신하이다.
충청남도 천안시 수신면.

❶ **파주삼릉(공릉)** 조선 8대 임금 예종(재위 1468~1469)의 원비 장순왕후의 무덤이다. 장순왕후는 한명회의 셋째딸로, 세자빈에 책봉된 이듬해에 세상을 떠났다. 경기도 파주시 조리읍.
❷ **파주삼릉(순릉)** 조선 9대 임금 성종(재위 1469~1494)의 원비 공혜왕후의 무덤이다. 공혜왕후는 한명회의 막내딸로, 왕비로 봉해진 후 5년 뒤에 세상을 떠났다.

람이 바로 한명회야. 그가 휘두른 권력과 계략에 빠져 억울하게 목숨을 잃은 사람이 한둘이 아니었어.

한명회는 젊은 시절 잠깐 고생한 이후로는 죽을 때까지 갖은 부귀영화를 다 누린 사람이야.

딸들을 임금에게 시집 보내 부원군이라는 칭호를 받고는 화려한 나날을 보냈고, 임금 다음 자리인 영의정을 몇 번씩이나 지내

45

기도 했지. 게다가 당시로는 장수했다고 할 수 있는 73세까지 수명을 누렸으니, 정말 하늘도 무심하다는 생각이 들 정도야.

이렇게 욕을 하면 무덤 속에 있는 한명회의 귀가 가렵겠지만 어쩌겠어? 욕먹을 일을 많이 했으니 욕먹어도 싸지. 어쨌든 이 한명회라는 사람이 압구정동을 더럽힌 건 사실이야.

한명회는 누릴 영화는 다 누리고 나서 늘그막에 정말 웃기는 말을 했어.

"내게 무슨 욕심이 있겠소. 그저 강가에 초라하나마 정자 하나 지어 그 곳에서 갈매기나 벗삼으며 여생을 보내겠소."

이 무슨 자다가 봉창 두드리는 소리란 말인가? 엊그제까지만 해도 호화 주택을 지어 임금에게 경고까지 받은 사람이 할 수 있는 말인가?

하긴 낯 두껍기로 유명했던 그라면 얼마든지 할 수 있는 말이기도 했지. 그러나 한명회의 이 말을 곧이 믿는 사람은 아무도 없었어.

"에라, 지나가던 개가 다 웃겠다."

이 소문을 들은 선비들은 물론이고 일반 백성들까지 콧방귀를 뀌었다고 해.

어쨌든 한명회는 한강변에다 뚝딱거리면서 요란스럽게 정자를 짓기 시작했어.

완성된 정자를 보니 아니나 다를까, 이건 소박한 노인이 갈매기나 벗삼아 세월을 보내자는 규모가 아니었어. 한 나라의 임금도 감히 흉내내지 못할 정도로 화려했거든.
　정자가 완성되던 날, 한명회는 붓을 들어 '압구정'이라는 현판을 써서 처마 끝에 떡하니 걸어 놓았어.
　압구정이라… 이름은 좋네. '친할 압'자에 '갈매기 구' 그리고 '정자 정', '갈매기와 벗하며 노는 정자'라는 뜻이니까.

압구정지
한명회가 지은 정자 압구정이 있던 터. 지금은 압구정 현대아파트 72동 74동 사이에 터를 알리는 비만 남아 있다.

그런데 한명회가 정말 갈매기랑 벗하고 놀았을까? 절대 아니지. 정자가 완성되고 나서 그가 한 일이란 평소 따르던 간신배들이나 모아 술과 춤을 즐긴 것이 전부야.

그리고 가끔 영의정 노릇할 때 친하게 지냈던 중국 사신이 오면 초대해 기생까지 불러 잔치를 벌였지. 아무리 봐도 도무지 소박하게 갈매기와 친하게 지낼 생각은 안 했다니까.

하긴 한명회가 압구정을 짓고 나서부터는 갈매기마저 날아들지 않았다고 하니, 친하고 싶어도 친할 기회가 없었겠지.

그런데 왜 갑자기 갈매기가 압구정 쪽으로 날아오지 않았을까? 그건 아마 갈매기들이 한명회의 '기심'을 느낀 탓인 것 같아. 기심이란, 자기의 양심을 속이는 것을 말하는 거야.

양심을 속이면 해오라기도 피해 간다네

기심에 대한 이야기 하나만 할까?

옛날 어떤 바닷가에 마음씨 착한 어부가 살았어. 이 어부는 매일 바다로 나가 고기를 잡았는데, 잡은 고기를 바닷가에 사는 해오라기들에게도 나누어 주곤 했지.

매일 그런 일을 되풀이하다 보니 해오라기들은 어부를 전혀 무서워하지 않게 되었고, 오히려 어부가 나타나면 떼를 지어 몰려들곤 했어. 어부 역시 고기잡이가 끝나면 해오라기들과 어울려 노느라 해가 지는 줄도 모를 정도였다나?

그러던 어느 날이었어. 어부의 부인이 거짓으로 병을 앓기 시작했어. 어부는 깜짝 놀랐지.

"여보, 갑자기 왜 그래? 어디 아픈 거야?"

"끙, 갑자기 온몸에 힘이 빠져 의원을 찾았더니, 해오라기 고기를 먹으면 낫는다는군요."

"해오라기 고기?"

어부의 부인은 평소에 해오라기 고기가 먹고 싶었는데, 어부가 해오라기와 친한 것을 알고는 꾀병을 부린 거였어.

이 말을 들은, 착하기 그지없는 어부가 어떻게 그냥 있을 수 있었겠어? 어부는 바닷가를 향해 뛰어갔지. 평소와는 다른 마음,

애들아, 이리 온~.

즉 해오라기 한 마리를 잡아야겠다는 기심을 잔뜩 가슴에 품은 채로 말이야.

그런데 이게 웬일일까? 보통 때 같으면 어부가 나타나기 무섭게 몰려들었을 해오라기들이 이 날은 몰려들기는커녕 슬슬 피하는 것이 아닌가?

어부가 물고기를 들고 해오라기에게 다가갔지만 소용이 없었어. 몇 번이나 기회를 노렸지만 해오라기들은 자꾸만 어부와 거리를 두는 것이었어. 그제야 어부는 깨달았지.

"아, 나도 모르게 내 몸에서 기심이 나왔나 보구나."

결국 어부는 해오라기 잡기를 포기한 채 집으로 돌아왔는데, 그 후 어부가 살고 있는 바닷가에서 다시는 해오라기를 볼 수 없었다고 해.

이렇듯 기심이란, 말 못하는 미물들까지 느낄 수 있는 것이라는데, 까마귀 떼 같은 한명회의 무리들이 노는 압구정에 갈매기가 날아올 리 있었겠어?

한명회는 백성들이야 죽을 쑤든 밥을 굶든 아랑곳하지 않고, 잊을 만하면 압구정에 나타나서 '얼씨구, 지화자' 즐겁게 춤추고 노래하며 놀았다고 해.

여생을 정자에서 소박하게 보내겠다는 애당초의 선언과는 달리, 호화로운 잔치를 벌일 때가 아니면 한명회는 절대 이 곳에

코빼기도 내비치질 않았어.

그러니 대쪽 같았던 당시의 선비들이 그냥 보고만 있었겠어? 물론 그냥 지나칠 수 없었지. 그렇다면 떼를 지어 임금 앞으로 몰려가 무릎 꿇고 이렇게 청했을까?

"전하, 통촉하여 주시옵소서. 저 방약무도한 한명회의 죄를 물어 삼수갑산으로 귀양을 보내야 마땅할 줄 아옵니다!"

하지만 불행하게도 이런 용기를 가진 선비는 단 한 사람도 없었어. 왜냐하면 그 때까지만 해도 한명회는 임금의 사랑을 듬뿍 받고 있던 터라, 섣불리 건드렸다가는 오히려 자기네들이 당할지도 모르는 판국이었기 때문이지.

그래서 고작 시나 지어 한명회를 비꼬는 수밖에 없었는데, 그 대표적인 게 최경지(?~1479)라는 선비가 쓴 시야.

임금이 하루에도 세 번씩이나 불러 주니 흐뭇하기도 하겠구나
정자는 있는데 와서 즐기는 주인은 없구나
마음 속에 기심만 없었더라면 갈매기와 친할 수도 있었을 텐데…….

부제학을 지냈던 이윤종 또한 이런 시를 지어 한명회의 속을 뒤집어 놓았어.

정자는 있으나 돌아와 쉬지 않으니
그 누가 갓 쓴 원숭이라 하지 않으리

한명회의 생김새가 원숭이를 닮은 것에 비유하여 비꼰 시야.

한명회는 이 시를 보고 머리끝까지 화가 치밀어올랐어. 그러나 자기를 비꼰 시란 것은 알았지만, 뚜렷한 증거가 없어 누구한테 뭐라고 따질 수도 없는 노릇이었으니 그냥 참을 수밖에.

아무튼 지금의 압구정동 이름이 바로 이 한명회의 정자 이름에서 따온 것이라니, 결코 명예로운 이름은 아닌 것 같지?

고려 말의 충신 조운흘이 살았던 초막

압구정 오른편 탄천 건너에 몽촌이라는 곳이 있었는데, 여기에 압구정과는 매우 대조적인 초막*이 하나 있었어. 이 곳은 고려 말의 충신인 조운흘이 말년을 보낸 곳이라고 해.

초막 풀이나 짚으로 지붕을 이어 임시로 지은 집.

고려가 망하자 조운흘은 나라가 망하는 것을 막지 못한 죄인이라 여겨 스스로 몽촌에 초막을 짓고 다시는 세상에 나오지 않았다고 해.

하지만 워낙 능력이 있고 성품 또한 깨끗한 사람인지라 이성

김사형(1333~1407)의 묘 이성계를 도와 조선을 세우는 데 공을 세운 개국 공신으로, 대마도를 토벌하기도 하였다.
경기도 양평군 양서면.

계는 무슨 수를 써서라도 자기 곁에 두고 싶었던 모양이야.

이성계는 좌의정을 맡고 있던 김사형을 몇 번이나 이 초막으로 보내 조운흘을 회유하려 했어.

그러나 이성계가 보낸 사람이 나타나면 조운흘은 마치 청맹과니(눈 뜬 장님)에다 벙어리라도 된 양 보려고도, 들으려고도 하지 않았어.

부귀영화도 좋지만 사람의 도리에 어긋나는 것은 보지도 듣지도 않겠다는 의지를 나타낸 것이지.

결국 이성계는 포기할 수밖에 없었고, 조운흘은 이 초막에서 남은 삶을 뜻있게 보냈다고 해.

100여 년이라는 시간 차이가 있기는 하지만, 강 하나를 사이에 두고 부귀영화만 좇던 한명회가 조운흘의 초라한 초막 맞은편에 호화스런 정자를 지었다니, 참 씁쓸한 웃음만 절로 나올 뿐이야.

이윤종의 시에서처럼 한명회가 비록 죄를 많이 지었다 하나 진실로 뉘우치고 압구정에서 소박하게 여생을 보냈더라면 갈매기들과 친할 수도 있었을 텐데 말이야.

몽촌토성의 목책

몽촌토성 자연 지형을 이용해 쌓은, 백제 전기의 토성. 진흙으로 성벽을 쌓고 나무 울타리로 목책을 세웠다.

　조운흘이 말년에 지은 시 한 수는 그의 소박했던 삶과 너무나 닮아 있어 소개하고자 해.

　　한낮에야 아이 불러 사립문 열고
　　천천히 숲에 나와 돌이끼 위에 앉아 본다
　　어젯밤 산중에 비바람 불어
　　가득한 시냇물에 떠오는 꽃잎들

오래 오래 살고 싶어라

　서울의 잠실 올림픽경기장 부근에는 제법 큰 하천이 하나 흐르고 있어.
　이 하천은 경기도 용인에서 시작되어 판교, 분당을 거쳐 서울에 들어와서는 강남구와 송파구를 가르며 한강으로 흘러들고 있지. 지금은 오염되어 검은 물이 흐르고 있지만, 옛날에는 정말 맑은 물이 흐르던 하천이었어.
　이 하천의 이름은 '탄천'. '숯 탄(炭)' 자에 '내 천(川)' 자가 합쳐진 말이니 '숯내'라고 풀어 쓸 수 있겠지.

　숯의 색은 검은색이니, 더럽고 검은 물이 흐르고 있기 때문에 탄천이라 불리게 된 걸까?
　그렇지 않아. 처음에도 말했지만 탄천이라는 이름이 붙여질 당시만 해도 물이 매우 맑았어. 그런데 왜 하필 탄천이라고 불리게 되었을까?
　그 이유는 다음과 같은 전설 때문이야.

　아주 옛날에 '삼천갑자 동방삭'이라는 사람이 살았다고 해. 동방삭은 이름이고, 삼천갑자는 별명 같은 것이었어.

탄천

한강의 제1지류로서, 조선 시대에는 '검내'라고 불렀다.
삼천갑자 동방삭을 잡기 위해 저승사자가 숯을 씻었다고 하여 탄천이라 부른다는 설화가 전해지고 있다.

'삼천갑자'가 무슨 뜻이냐고?

'삼천'은 말 그대로 숫자 3,000을 뜻해. 그리고 '갑자'란 60년을 뜻하는 한자말이지. 이 두 말을 합치면 3,000×60=180,000 즉 18만 년이란 뜻이 돼. 동방삭이라는 사람이 무려 18만 년이나 살았다는 뜻이야.

그게 말이 되냐고? 물론 있을 수 없는 일이지. 그러나 이것은 역사적 사실이 아니라 어디까지나 전설이니까 그럴 수 있다고 가정해 보자구. 그래야 이야기를 이어갈 수 있으니까.

이 동방삭이 이승에서 18만 년을 살 수 있었던 데에는 다 그럴 만한 이유가 있었어.

옛날 사람들은 하늘나라에 사람의 목숨을 관장하는 염라대왕이 있다고 믿었어.

염라대왕은 사람이 태어날 때 누구나 부여받는 수명을 장부에 적어 놓고, 때가 되면 저승사자를 보내어 수명이 다한 사람을 저승으로 인도하곤 했어.

나이가 많든 적든, 건강하든 병이 들었든지간에 저승사자가 부르면 사람들은 그를 따라 저승으로 가야만 했어. 그러나 염라국에서도 가끔 실수할 때가 있었나 봐.

"네 이름이 뭐고?"

어느 날 갑자기 자다가 저승사자에게 불려온 젊은이에게 염라대왕이 물었어.

"김판돌이라고 합니다."

"흠, 김판돌이라… 너는 이승에서의 수명이 다 되었다. 저기에서 기다리다가 재판을 받거라. 죄가 많으면 지옥으로 갈 것이고, 죄가 없으면 극락으로 갈 것이다."

그러나 김판돌은 좀 억울했어. 그래서 염라대왕에게 따졌지.

"대왕님, 제 나이 고작 스물입니다. 그런 제가 벌써 이승을 떠나야 하나요? 억울해요. 뭔가 착오가 있는 것 같아요."

"뭐라고? 네 나이가 스무 살이라고?"

"네, 그렇습니다."

"이 장부엔 네 나이가 쉰이 넘은 것으로 되어 있는데?"

"제 얼굴을 보십시오. 어디로 보아 쉰이 넘긴 것 같습니까?"

"하긴 그렇군. 이봐, 저승사자. 어떻게 된 일인가?"

"글쎄요? 저는 장부에 적혀 있는 대로 한양 사는 김판돌을 잡

아왔는뎁쇼?"

"뭐라고? 예끼, 이놈! 또 실수했구나. 어디 장부에 한양 사는 김판돌이라고 적혀 있느냐? 분명히 평양 사는 김판돌이라고 적혀 있지 않느냐?"

저승사자가 머뭇거리며 염라대왕으로부터 장부를 건네받았겠지. 그런데 아뿔싸! 장부를 살펴보니 저승사자가 잘못 보고 한양의 김판돌을 잡아온 것이 분명했어.

"네 이놈! 이게 벌써 몇 번째인지 아느냐? 넌 저승사자 자격이 없으니 지옥에 가서 죄 지은 사람들이나 관리하거라!"

한양 사는 김판돌이 하마터면 저승으로 갈 뻔한 거야.

저승 장부에서 이름이 빠진 동방삭

이처럼 옛날이야기를 보면 저승사자들도 더러 실수를 저지르곤 했나 봐.

동방삭이 18만 년을 이승에서 살 수 있었던 것 또한 저승사자들의 실수 때문이었지. 실수로 다른 사람을 잡아간 것이 아니라, 아예 장부에 동방삭이라는 이름이 올라가 있지 않았던 거야. 저승사자들이 장부 정리를 하면서 그의 이름을 빠뜨린 거지.

집에서 기르는 개도 오래 살면 능구렁이가 된다는 말이 있어. 동방삭 역시 그랬어. 본래 꾀가 많았지만 오랜 세월을 살다 보니 세상일에 통달해 있었어. 성격도 매우 오만해졌어.

수명이 다한 사람을 잡으러 오는 저승사자들을 골탕먹이는 것이 동방삭의 유일한 취미였어.

동방삭의 횡포가 계속되자 마침내 그에 대한 소문이 염라대왕의 귀에까지 들어가게 되었어. 염라대왕은 즉시 동방삭에 대한 자료를 찾아보았지.

"도대체 동방삭이란 자의 이름이 장부에 없구나. 그놈은 사람이 아니란 말이냐? 여봐라, 원장부를 가져오너라!"

화가 난 염라대왕은 급기야 원장부를 가져오도록 명령했어. 장부를 옮겨적다가 빠뜨릴 수도 있다고 생각한 거야.

아니나 다를까, 염라대왕의 예상은 적중했어. 동방삭의 원래 수명은 보통 사람과 다를 것이 없었던 거야. 염라대왕은 기가 막혔어.

"어찌 이런 일이 있을 수 있단 말인가! 여봐라, 당장 동방삭이란 자를 잡아오너라!"

염라국에 비상이 걸렸어. 모든 저승사자들이 머리를 맞대고 그를 잡을 궁리를 했어. 회의 결과 저승사자 중에서 가장 뛰어난 최 판관이 동방삭을 잡아오는 임무를 맡게 되었어.

그러나 최 판관도 그를 잡으려면 어디로 가야 할지 막막하기만 했어. 보통 사람들은 거의 일정한 곳에서 살고 있었지만, 동방삭은 이리저리 옮겨 다니며 살고 있었기 때문이야.

최 판관이 동방삭의 소문을 들은 것은 이승에 내려온 지 한 달이 지난 후였어.

동방삭으로 보이는 자가 경기도 광주 땅에 나타났다는 소문이

었지(참고로, 당시 송파 지역은 광주에 속해 있었음). 그러나 그 넓은 광주 땅에서 동방삭을 발견하기란 쉽지 않았을 거야.

　최 판관은 생각 끝에 기발한 꾀를 하나 생각해 냈어. 그는 숯을 지게에 잔뜩 지고 광주 땅을 가로지르는 탄천으로 가 숯을 냇물에 쏟아붓고 씻기 시작했어.

　지나가던 사람들이 궁금하여 물었지.

　"여보시오. 왜 숯을 씻고 있소?"

　"숯이 너무 검어서 희게 해 볼까 하고요."

　"나 원 참, 숯을 씻는다고 하얘지나? 별 정신 나간 사람 다 보겠군."

　어떤 남자가 냇물에서 숯을 씻고 있다는 소문은 즉시 광주 땅 전체로 퍼져나갔어. 그것은 최 판관이 바라던 바였지.

　냇물에 숯을 씻기 시작한 지 사흘째 되던 날이었어. 드디어 동방삭이 그 곳에 나타난 거야.

　"여보시오. 당신이 소문으로 듣던 바로 그 사람이구려. 허허허… 그래, 숯이 좀 하얗게 되었소?"

　동방삭이 비아냥거리며 물었어.

　"아직은 그대로입니다. 하지만 계속 씻다 보면 하얗게 되겠지요."

　최 판관이 침착하게 대답했어.

"하하하, 내가 18만 년이나 살았지만 숯을 씻는 사람은 처음 보오!"

바로 최 판관이 기다리던 말이었지. 그 말은 바로 자신이 동방삭이란 사실을 고백한 것이나 다름없거든.

"네 이놈! 네가 바로 동방삭이로구나. 에잇!"

최 판관은 기회를 놓치지 않고 동방삭을 향해 올가미를 던졌어.

"앗, 속았다!"

무려 18만 년 동안이나 이승에서 산 동방삭이 최후를 맞이하는 순간이었어. 단 한 마디의 실수로 저승사자에게 잡혀 염라대왕 앞에 서게 된 동방삭은 자신의 가벼운 입을 탓했지만 때는 이미 늦었지.

저승사자가 숯을 씻던 숯골은 그 터마저 사라진 지 이미 오래야. 그러나 이 전설에 따라 정해진 숯내, 즉 탄천이라는 이름은 지금도 그대로야.

지금의 성남시 태평동, 수진동, 신흥동 일대가 옛날에는 숯 굽는 마을이어서 그 근처를 흐르고 있는 하천을 탄천이라 부르지 않았나 싶어. 탄천의 유래가 뭐 그리 대단하겠어. 오히려 옛날처럼 탄천에 맑디맑은 물이 흘렀으면 하는 바람이 더 간절해.

명부전의 시왕(十王)과 저승사자들

절에 가면 명부전이 있는데, 이것은 저승세계를 절에 옮겨놓은 전각입니다. 중생을 구제하기 위해 영원히 부처 되기를 포기한 지장보살을 주존불로 하고 좌우로 저승 지옥계의 심판인 시왕과 저승사자들의 모습을 볼 수 있습니다. 우리가 지옥 하면 떠올리는 염라대왕도 시왕 중 한 명입니다.

우리가 흔히 저승사자라고 부르는 사자는 사람이 죽었을 때 염라대왕을 비

❶ **변성대왕** 지옥의 여섯 번째 왕이다.
사람이 죽은 지 여섯 번째로 맞는 7일(42일)이 되면 이 왕의 심판을 받는다고 한다.
❷ **태산대왕** 지옥의 일곱 번째 왕이다.
사람이 죽은 지 일곱 번째로 맞는 7일(49일)이 되면 이 왕의 심판을 받는다고 한다.

롯한 지옥의 왕들이 파견하는 사자입니다. 불교에서는 사람이 태어난 해, 월, 일, 시를 각각 다스리는 네 명의 사자가 있다고 합니다.

불교 의식과 효심의 일치

우리나라 절에 가면 거의 명부전이 세워져 있습니다. 이는 후손들이 돌아가신 분이 좋은 곳으로 가기를 기원하면서 지내는 49재 등의 불교 의식이 부모에 대한 지극한 효심과 일치된 결과로 보입니다.

❸ **오도전륜대왕** 지옥의 열 번째 왕이다. 죽은 지 3년이 되는 날 이 왕에게 심판을 받은 후 다시 태어날 곳이 결정된다고 한다.
❹ **연직사자** 지옥의 저승사자이다. 사람이 태어난 해를 다스린다.
❺ **월직사자** 지옥의 저승사자이다. 사람이 태어난 달을 다스린다.

한이 서린 백토고개

서울 송파구에 오금동이라는 동네가 있어. 1988년 서울 올림픽이 열릴 때 이 일대에 선수촌 아파트를 지어 분양함으로써 지금은 대단위 아파트 단지가 들어선 곳이지.

옛날의 오금동은 남한산성으로 들어가는 길목이었다고 해. 오금동에서 남한산성 쪽을 향하다 보면 조그만 고개가 나오는데, 이 고개를 '백토고개'라고 했대. 부근에 흰 흙이 많았기 때문이지. 오금동이란 이름이 붙은 것은 바로 이 백토고개에서 일어난 사건 때문이야.

병자호란 때의 일이야. 앞에서도 말했지만 인조 임금은 청나라를 무시함으로써 나라를 위태롭게 만들었어.

후금이 청나라로 나라 이름을 바꾸고 나서 조선에 경축 사절을 보내라고 했는데, 말을 듣지 않자 청 태종은 조선 침공을 지시했어.

죽어도 오랑캐가 세운 청나라와는 수교를 하지 말자던 신하들은 물론이고 인조를 비롯한 왕족들도 청나라가 쳐들어오자 도망치기에 바빴어.

평양이 함락되었다는 소식이 전해지자마자 신하들은 인조에

몽진 임금이 난리를 피하여 다른 곳으로 옮겨가는 것.

게 몽진*을 주청했어.

"전하, 몽진을 서두르셔야 하옵니다."

인조는 무거운 표정으로 말했어.

"내 어찌 백성들을 버려두고 또 도망을 갈 수 있단 말이오?"

인조 임금의 운명 또한 기구하기 짝이 없었어.

반정을 통해 광해군을 몰아내고 임금이 된 것만으로도 기구하다 할 판인데, 벌써 두 번씩이나 궁궐을 떠나 몸을 피하는 일을

공주 공산성
공산성은 백제의 수도가 공주에 있을 때 공주를 지키던 산성으로, 이괄의 난을 피해 인조 임금이 몽진을 떠났던 곳이기도 하다.

겪어야 했기 때문이지. 인조는 이미 이괄의 난 때 충청도 공주로 몽진을 한 경험이 있거든.

  사실 병자호란 때 인조의 몽진은 급박하기 짝이 없었다고 해. 임진왜란 때 선조가 몽진을 한 곳은 평안북도 의주였지만, 고려 때부터 단골 몽진처는 강화도였어.

  그러나 워낙 위급하다 보니 겨우 생각해 낸 곳이 한양의 코앞에 위치한 남한산성이었던 거야.

옛날의 광희문(시구문) 도성 내의 장례 행렬이 동쪽으로 지날 때 통과하는 문이었다. 이괄이 난을 일으켰다가 이 문을 통해 도망갔고, 병자호란 때에는 인조 임금 역시 이 문을 통해 남한산성으로 옮겼다고 한다.

얼마나 피난가기에 급급했냐 하면, 함께 몽진을 하던 왕자의 말고삐를 잡은 사람이 등 뒤로 적의 화살이 날아들자 도망을 가 버렸을 정도였어.

인조 일행은 한강을 건너기 위해 시구문(광희문)을 통해 지나갔다고 해. 평소에는 양반들도 잘 지나다니지 않는 시구문을 임금이 지나간 것으로 보아도 한양 사정이 어떠했는지를 능히 짐작할 수 있을 거야.

게다가 이미 백성들도 임금 따위는 안중에도 없었다고 해. 전쟁이 일어나면 가장 먼저 도망칠 궁리만 하는 임금을 누군들 존경했겠어.

인조 일행은 피난민들에 묻혀 날이 어둑어둑해질 무렵 겨우 한강을 건너 송파나루에 도착할 수 있었어. 때는 겨울인지라 몹시 추웠어. 인조는 너무 춥고 배가 고파서 쓰러질 것만 같았지.

"여봐라, 짐이 몹시 춥고 시장하구나. 뜨거운 차라도 마실 수 없겠느냐?"

인조가 힘없이 물었어. 그러나 돌아온 대답은 참으로 기가 막힌 것이었지.

"전하, 송구하옵니다만 음식을 장만할 숙수가 음식 재료를 몽땅 가지고 도망가 버렸사옵니다. 조금만 더 가면 곧 남한산성에 도착할 것이오니, 그 때까지만 참아 주시옵소서."

인조가 깜짝 놀라 주위를 둘러보니 자신을 따르는 신하가 내관들을 합쳐 겨우 5~6명에 지나지 않았어. 인조는 입술을 깨물어 나오려는 울음을 억지로 참았어.

송파나루에서 남한산성까지 가는 것도 쉽지는 않았어. 사람들뿐만 아니라 말들조차도 너무 지쳐서 도무지 걸으려 하지 않았어.

결국 인조는 말에서 내려 걷기 시작했어. 얼마나 걸었을까? 백토고개에 도착할 무렵 인조가 그 자리에 푹 쓰러지고 말았지. 임금이 되고 나서 단 1킬로미터도 걸어 본 적이 없는 인조가 쓰러진 것은 어쩌면 당연한 일인지도 몰라.

"아이고, 오금이 너무 저리구나."

인조가 쓰러진 채 다리를 쥐고 신음을 했어.

"전하!"

신하들이 깜짝 놀라 인조를 부축했어.

"염려하지 마시오. 잠시 쉬었다 가면 괜찮을 것이오."

인조가 민망한 표정으로 말했어.

남한산성 남문
병자호란 당시 인조 임금은 이 문을 통해 남한산성으로 들어갔다.

"전하, 여기에 오르십시오. 머뭇거리다가는 청나라 군사들에게 봉변을 당할 것입니다."

신하들은 털방석에 인조를 앉히고, 네 사람이 붙어 각자 한 귀퉁이씩 잡고 인조를 나르다시피하며 길을 걸었어.

오금이란 정강이 뒤쪽을 이르는 말이야. 심한 운동을 하거나 오래 걸으면 오금이 저리는 현상이 나타나는데, 인조가 '오금이 저리다' 면서 주저앉은 곳이 바로 지금의 오금동이야. 이 동네 이름은 훗날 사람들이 이 이야기를 듣고 붙인 것이지.

하여튼 인조는 자정이 넘어서야 남한산성 남문 앞에 도착했다고 해. 임금도 임금이지만, 방석 네 귀퉁이를 붙잡고 인조를 실어 나른 신하들은 얼마나 힘이 들었을까? 아마 모두들 기진맥진했을 거야.

인조 일행이 남문 앞에 도착했을 때의 일이야. 어디선가 '후다

닥!' 하는 소리가 들리더니 노루 한 마리가 쏜살같이 그들 앞을 지나갔어. 곁에 있던 내관 하나가 인조를 위로하려는 듯 한 마디 했지.

길조 좋은 일이 일어날 징조.

"전하! 길조*이옵니다. 곧 전쟁이 끝나고 전하께서 환궁할 징조인 듯하옵니다."

그러나 인조의 표정은 더욱 어두워질 뿐이었어.

"이괄의 난 때 공주로 몽진하던 중에도 노루가 나타났었는데……."

인조는 이렇게 중얼거렸다고 해. 인조는 이미 자신과 조선의

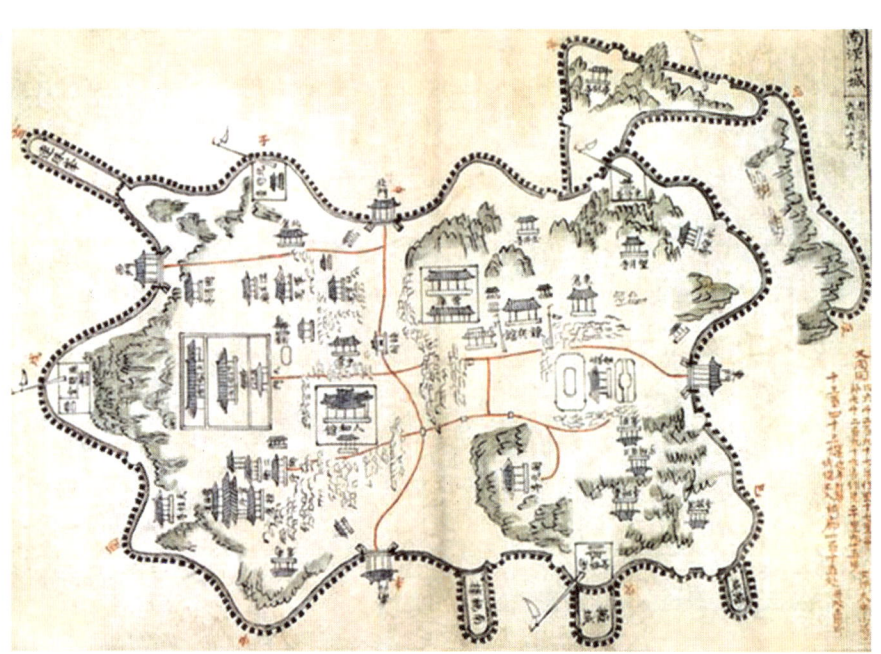

〈남한산성도〉
영남대박물관 소장.

앞날이 순탄하지 않을 것이란 예감을 하고 있었어.

이후 사람들은 이 길목을 '노루목'이라 불렀고, 지금도 그렇게 불리고 있지.

인조의 예감은 정확했어. 고조선 이래 면면이 이어오던 우리 역사상 가장 부끄러운 치욕을 당한 임금이 바로 인조 자신이었던 거야.

삼전도 그림 삼전도비 옆에 있는 동판에 조각된 그림. 인조가 청 태종과 대신들 앞에서 고개를 숙이는 장면을 묘사하였다.

홍제천 이야기에서 잠시 언급했던 것처럼 인조는 삼전도(지금의 석촌호수 부근)에서 머리를 땅에 찧으면서 청나라에 항복하게 되었어. 임금이 다른 민족에게 머리를 찧으면서 항복을 한 예는 인조가 처음이자 마지막이야.

치욕의 역사를 대변하는 삼전도비

청나라에 당한 수모는 이것만이 아니었어. 조선을 침범한 청나라 장수는 거만한 말투로 인조에게 명령을 내렸어.

"지금 이 자리에 비를 세우고 우리나라 황제이신 청 태종을 고맙게 생각한다는 글을 새기시오!"

남의 나라를 쑥대밭으로 만들어 놓고 오히려 '고맙게 생각한다'는 뜻의 비를 세우라니, 그건 말도 안 되는 주문이었지. 그러나 인조는 시키는 대로 하지 않을 수 없었어.

"한성 판윤은 들으시오. 즉시 '대청황제공덕비'란 글을 새긴 비를 세우도록 하시오."

인조의 명을 받은 당시의 한성 판윤 오준은 임금의 명인지라 따르기는 했지만, 곧 그 글을 썼던 붓을 꺾어 버리고 벼슬자리에서 물러났다고 해.

오준(1587~1666) 필적 문장에 능하고 글씨를 잘 써서 삼전도비의 비문을 비롯한 수많은 비명을 썼다.

오준은 그것만으로는 분이 풀리지 않았던지 글을 썼던 자신의 오른손을 돌로 찍어 평생 불구로 지냈다고 해.

'삼전도비' 또는 '청태종공덕비'라 불리는 이 비는, 구한말 청일전쟁에서 청나라가 일본에 져 힘을 잃자 백성들이 한강에 던져 버렸어.

이 비는 이후에도 사라졌다 발굴되는 운명을 거듭하게 돼. 일제시대인 1913년 다시 발굴하여 고적이란 명분으로 세워졌다가 해방이 되자 다시 땅 속에 묻히게 되었어. 민족의 수치라는 이유 때문이었지.

그러나 치욕의 역사도 역사로서 간직해야 해. 땅에 묻어 버린

다고 역사마저 묻혀지는 것은 아니거든. 오히려 치욕적인 역사를 밝힘으로써 다시는 그런 일을 당하지 않도록 교훈으로 삼는

삼전도비
1639년(인조 17) 삼전도에 세워진 청태종 공덕비. 인조가 청 태종에게 3번 절하고 9번 머리를 조아리는 치욕적이 항복을 한 곳이다. 삼전도는 지금의 잠실 롯데월드 주변이다.

것이 더 바람직한 일일 거야.

그런 뜻에서 1963년, 정부에서는 장소를 조금 변경한 지금의 자리에 삼전도비를 다시 세우고 사적으로 지정했어. 이 비는 지금도 잠실의 석촌호수 동남쪽에 우뚝 서 있어.

삼전도비에는 이런 글이 한자로 적혀 있어서 당시 조선이 당한 수모가 어떠했는지를 잘 알려 주고 있어.

청 태종은 평화를 파괴한 조선에 보복하기 위해 조선을 쳤다.
당시 조선의 임금은 봄날에 살얼음 밟듯이 청나라 군사를 무서워했다. 조선의 임금은 자신을 죽이지 않은 것만으로도 청 태종에게 고마워했다.
청나라가 조선을 침으로써 조선 백성들 또한 생활이 윤택해졌다. 전쟁중에 새떼처럼 흩어졌던 백성들은 청 태종의 덕으로 다시 모여들어 마른 뼈에 살이 붙고 차가운 뿌리가 봄을 맞는 듯했다.

지금 보아도 속이 뒤집히는 터무니없는 내용이야. 마음 같아서는 정으로 글을 하나하나 쪼아 없애고 싶을 만큼 화가 치밀어오르는 글귀이지.

그러나 주택가를 사이에 두고 우뚝 솟아 있는 이 비는 우리들에게 또다른 메시지를 전하고 있어. 송파나루, 삼전동, 오금동 그리고 남한산성에 이르는 길은 이처럼 우리 민족이 당한 수모의 역사를 간직한 채 연결되어 있어.

개인이든 나라든 준비하고 힘을 기르지 않으면, 언젠가는 또다시 이런 불행한 일을 겪게 된다는 교훈을 이 역사의 현장들은 우리에게 말없이 보여 주고 있어.

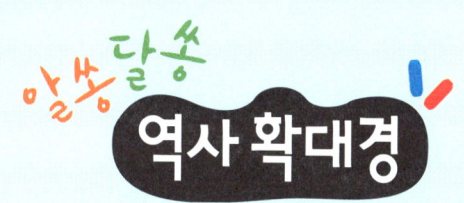

 정묘호란

광해군 때는 현명한 외교 정책으로 후금과의 전쟁을 피할 수 있었습니다. 그러나 인조반정 후 후금을 오랑캐라 여기고 배척하는 정책을 펴자 관계가 악화되었습니다.

이 때 마침 이괄의 잔당이 후금과 내통하여 조선을 칠 것을 주장하자 마침내 후금의 태종은 광해군을 위해 보복한다는 등의 구실로 1627년 1월, 아민 등에게 3만 병력으로 조선을 침공케 하였습니다.

후금의 주력 부대가 의주를 거쳐 평양에 이르자 인조는 강화도로, 소현세자는 전주로 피난했고 정봉수, 이립 등 의병이 각지에서 일어나 활약하였습니다. 그런데 평산까지 남하한 후금은 후방을 공격 당할 우려가 있어 강화 의사를 표시하였고, 마침내 3월 3일 화의가 성립되어 양국은 형제국이 되었습니다.

병자호란

후금은 군사를 철수시킨다는 약속을 어기고 의주에 군사를 계속 주둔시켰고, 각종 경제적 이득을 취했으며, 기존의 형제의 맹약을 군신 관계로 고칠 것을 요구하는 등 계속하여 조선을 압박하였습니다.

조선이 이를 거부하자, 국호를 청으로 고친 태종은 1636년 12월 직접 조선 침략을 감행했습니다. 인조는 남한산성으로 들어가 청군에 맞섰습니다. 이때 성 안에는 약 50일분의 양식이 있었습니다.

청군이 남한산성을 포위하자 혹한과 싸워야 했으며 점차 식량마저 떨어져

❶ **남한산성 수어장대** 병자호란 때 인조가 직접 군사를 지휘하여 청 태종과 45일간 싸운 곳이다.
❷ **최명길(1586~1647)의 묘** 병자호란 당시 삼학사, 김상헌 등 대부분이 싸움을 계속할 것을 주장할 때 홀로 화친을 주장하고 항복 문서를 써서 청나라에 항복하였다. 충청북도 청원군 북이면.

갔습니다. 청 태종은 이듬해 1월 1일에 남한산성 아래의 탄천에 12만여 명의 군사를 결집시켜 놓았습니다. 22일에 강화도가 함락되었다는 소식이 전해졌습니다. 이렇듯 모든 정세가 불리해지자 인조는 30일, 성을 나와 삼전도에서 청 태종에게 항복의 의식을 행했습니다.

1644년 청은 수도를 선양에서 베이징으로 옮기고, 이듬해에는 선양에 잡혀갔던 소현세자와 봉림대군 등을 조선으로 돌려보냄으로써 병자호란 관계는 마무리되었습니다.

❸ **임경업(1594~1646) 장군 비** 낙안 지역의 군수로서 낙안읍성을 쌓는 등 선정을 베푼 일을 기리는 비이다. 전라남도 순천시 낙안면.

❹ **창렬사** 삼학사로 불리는 윤집, 오달제, 홍익한의 위패를 모신 사당이다. 병자호란 당시 끝까지 싸울 것을 주장하였고, 청으로 끌려가 처형되었다. 충청남도 부여군 구룡면.

성인을 모시는 노비라면 격이 달라

서울특별시 종로구에 명륜동이라는 동네가 있어. 바로 성균관대학교가 있는 동네이지.

'성균관'은 원래 조선의 국교인 유교를 가르치던 국립대학이자, 공자를 비롯한 유학자들의 제사를 지내던 곳이었어.

명륜동이라는 이름이 있기 전에는 성균관 뒤편에 있는 마을을, 성균관이 있는 곳이라 하여 '관동'이라 불렀다고 해. 이 관

서울문묘 대성전 서울문묘는 조선시대 때 공자를 비롯한 선현들의 제사와 유학 교육을 담당하던 곳이다. 크게 대성전 등 제사를 위한 공간과 명륜당 등 교육을 위한 공간으로 나뉘어 있다. 대성전에는 공자를 비롯하여 공자의 제자들, 그리고 우리나라 성현 18인의 위패가 모셔져 있다. 서울 명륜동 성균관대학교 정문 수위실 오른쪽으로 돌아 들어가면 문묘가 나온다.

서울문묘 명륜당
대성전 뒤편에 있으며, 명륜당 앞에 있는 동재, 서재는 기숙사로서 성균관으로 알려져 있다.

동을 '관사람 마을'이라고도 했어. '성균관에 근무하는 사람들이 사는 마을'이란 뜻이지.

이 마을을 '안씨 노비촌'이라고도 했는데, 고려 때의 유명한 유학자인 '안향(안유)'이 거느리고 있던 노비 후손들이 대대로 터를 잡고 살아왔기 때문에 그렇게도 불린 거야.

원래 안씨 집안 노비들은 고려의 수도인 개경에서 살았어. 안

성균관 서재

씨의 노비들이 이 곳에 자리를 잡은 것은 이성계가 조선을 세우고 성균관을 설립한 후였어.

이성계의 부탁을 받은 안향의 후손들이 성균관 일을 도맡아 하기 위해서 노비들을 데리고 이 곳으로 이사를 온 거야.

한때 관동에는 안씨 집안 노비들의 수가 1천 명에 이를 정도였다고 해. 게다가 이들 노비들은 보통 노비들과는 격이 달랐다고 하지. 같은 노비이지만 대성인(안향)의 집안 노비로서 성균관 일을 한다 하여 자부심이 대단했던 거야.

어느 날, 과거를 보기 위해 시골에서 올라온 한 양반이 이 관동의 한 하숙집에 머물게 되었어.

밤을 새워 시험 공부를 하던 중 목이 말라 물을 찾았는데, 처음 묵는 곳이라 도저히 우물을 찾을 수가 없었어. 두리번거리던 그 시골 양반은 안씨 집안 노비를 발견하고는 큰 소리를 쳤겠지?

"어이! 시원한 물 한 그릇만 가져오너라!"

시골 양반은 자기 집 노비에게 하듯 명령을 내렸어. 그런데 "예, 잠시만 기다리십쇼!"라고 할 줄 알았던 노비가 시골 양반의 위아래를 훑어보면서 이렇게 말하는 거야.

"여보시오! 왜 반말을 하고 그러시오?"

그 노비는 어안이 벙벙해진 시골 양반을 남겨 둔 채 제 갈 길을

안향(1243~1306) 고려 때의 문신으로, 여러 차례 원나라에 다녀오면서 주자학을 우리나라에 보급하였다.

가 버렸어.

"허어, 참 고약한 종놈이로구나!"

시골 양반의 입에서는 저절로 이런 말이 튀어나왔어. 노비에게 이런 수모를 당한 것은 평생 처음이거든. 마침 바람을 쐬러 나왔던 다른 양반이 시골 양반에게 웃으면서 말했어.

"하하! 댁도 당하셨구려. 이 곳 관동 노비들에게는 함부로 말을 낮추면 안 됩니다."

"왜요?"

"이 곳 노비들은 보통 노비들과는 달라요. 성인을 모시는 노비들이기 때문에 양반도 함부로 하지 못하게 했답니다."

"그러면 말을 높여야 한단 말이오?"

"'해라' 같은 말만 쓰지 않으면 됩니다. 대신 '하게' 또는 '하오'란 말을 써야지요."

안씨 노비촌 노비들이 하는 일은 주로 성균관을 청소하거나,

❶❷ **석전대제** 석전대제란 공자를 모신 사당인 문묘에서 지내는 큰 제사를 뜻한다. 문묘대제라고도 한다.

행사가 있을 때 음식을 마련하고 손님들의 시중을 드는 일이었어.

　성균관에서는 1년에 여러 차례 큰 제사를 올렸어. 성균관에 모셔진 죽은 유학자들의 제사였지. 성균관에서 큰 제사가 있는 날이면 관동 노비들의 일도 그만큼 많아졌어.

　청소하랴, 음식 장만하랴… 그 많은 노비들이 다 동원되어도 손이 모자랄 정도로 많은 사람들이 제사에 참석했기 때문이지.

　특히 안향의 제사가 있는 날이면 지방의 유학자들은 물론이고 한양의 내로라하는 벼슬아치, 어떤 때는 임금까지 참석할 정도였지.

　제사 때는 '음복'이라 하여 음식을 나누어 먹는 풍습이 있었는데, 성균관 제사에 참석한 사람들에게 제사 음식을 모두 나누어 먹이려면 황소 한 마리 분의 고깃국이 필요했다고 해.

　설렁탕이란 음식 알지? 이 설렁탕을 최초로 만든 사람이 바로 관동 노비들이야.

선농단 선농단은 농사 짓는 법을 인간에게 가르쳤다고 전해지는 고대 중국의 왕인 신농씨와 후직씨를 모시고 제사 지내던 곳이다. 고려시대에 이어 조선시대에도 선농단에서 풍년을 기원하며 선농제를 올렸다. 제사가 끝나면 왕이 직접 밭을 갈아 농사의 소중함을 알렸다. 순종 3년(1909)까지 계속되었다. 행사 때 모여든 많은 사람들을 대접하기 위하여 소뼈를 푹 고아 만든 국물에 밥을 말아서 내놓은 것이 설렁탕이라고 전해진다.

소뼈와 소 내장, 살코기 등을 푹 끓이고 소금으로만 간을 해서 먹는 설렁탕은 많은 제사 참석자들을 대접하는 데 그만이었지. 그 이유는 다른 반찬이 필요 없었기 때문이야.

훗날 이 설렁탕은 농사의 신인 '선농'을 모시는 선농단에서 '선농탕'이란 이름을 얻게 되었어. 선농탕이 설렁탕으로 바뀐 것은 그 후의 일이고.

지금 사람들은 선농탕이 설렁탕으로 바뀐 것은 잘 알지만 설렁탕을 최초로 개발한 사람이 관동 노비들이었다는 사실은 거의 모르고 있어.

선농단에서 선농제를 지낼 때 관동 노비들이 그 곳에 가서 설렁탕을 끓인 것은 두 말 하면 잔소리야.

설렁탕을 대중음식으로 끓여 판 사람들 역시 관동 노비들이었어. 말하자면 설렁탕의 원조는 관동이었으며, 구한말까지만 해도 설렁탕 한 그릇을 사 먹으려면 관동까지 가야만 했어.

관동 노비들은 양반들이 자기들을 함부로 하지 못하게 할 만큼 자부심을 가졌지만, 결코 잘난 체하거나 못된 일은 하지 않았다고 해. 오히려 유학자들을 돕는 데 앞장설 만큼 좋은 일을 많이 했어.

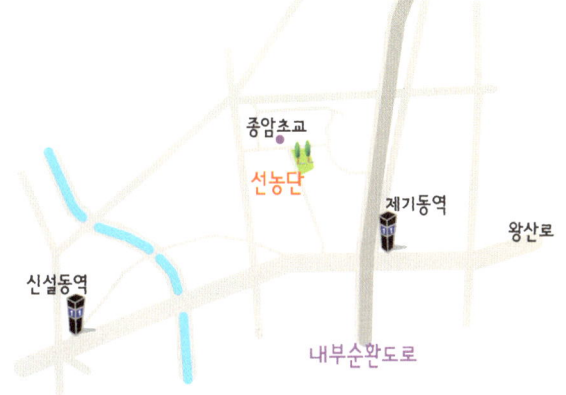

나라를 위한 바른소리 집단, 권당

"영의정은 즉시 자리에서 물러나고, 부정하게 모은 재산을 나라에 반납하라!"

"상감께서는 영의정을 즉시 내쫓으십시오!"

이게 무슨 소리냐고? 바로 성균관 유생들이 모여 부르짖던 소리야. 요즘 대학생들이 거리로 나가 잘못된 정치를 바로잡으라며 시위를 하듯이 옛날에도 그런 일이 자주 있었어.

이들은 도리에 어긋난 정치를 하는 관리들은 물론이고, 임금

조광조(1482~1519)의 묘 조선 중종 때의 문신, 성리학자이다. 사림파의 영수로서 급진적인 개혁을 추진하다가 기성세력인 훈구파가 일으킨 기묘사화 때 사약을 받고 죽었다. 경기도 용인시 수지구 상현동.

까지도 나무라는 모임을 자주 가졌어. 이런 행동을 '권당'이라고 했는데, 권당은 성균관 유생들만이 가진 특권이었지.

조선 중종 때(1519년)의 일이야. 이 날 역시 성균관 유생들이 모여 권당을 벌이고 있었어. 그러나 평소 때와는 좀 달랐어. 바로 포졸들이 벌떼처럼 몰려와서 유생들을 무조건 잡아간 거야.

개혁 정치를 펼치던 조광조를 훈구파들이 제거한 '기묘사화'에 대해 항의를 했기 때문이지. 권당을 벌인 유생들은 바른 정치를 펼치던 조광조가 제거된 것이 도저히 납득이 되지 않았어.

유생들은 경복궁 문을 뚫고 궁궐까지 들어가서 시위를 벌일

정도로 분노하고 있었지. 그러나 훈구파들은 이런 유생들을 용납하지 않았어.

"권당에 참여한 유생들을 모두 묶어 감옥에 처넣어라!"

임금을 좌지우지할 정도로 세력이 커진 훈구파들의 명령에 따르지 않을 관리는 아무도 없었어.

유생들이 권당을 벌이면 요구 사항을 들어 주는 척이라도 하는 것이 관례였어. 그러나 이번 경우는 그렇지 않았지. 권당에 참여한 유생들은 모두 오랏줄에 묶여서 감옥에 갇히고 말았어.

이 소식을 듣고 관동 노비들이 모여 회의를 했어.

"우리가 옥에 갇힌 유생들의 옥바라지를 합시다."

"옳은 말입니다. 유생들의 주장이 틀린 것도 아닌데 옥에 가둔 것은 부당합니다."

과연 안씨 집안 노비들다운 생각이었어.

그 동안 같은 동네에 살면서 정이 든 탓도 있었지만, 옳은 일을 하다가 잡혀간 유생들을 두고만 볼 수 없을 정도로 관동 노비들은 정의감에 불타고 있었던 거야.

회의가 끝난 이튿날, 관동 노비촌은 개미 한 마리 볼 수 없을 정도로 고요하기만 했어. 1천여 명에 이르는 노비들이 모두 어디로 사라졌는지 한 사람도 보이지 않았어.

그 때 유생들이 갇혀 있는 감옥 앞에 수많은 관동 노비들이 음

식이며 옷 보따리를 들고 나타났어.

"자, 이것 좀 먹어 보시오."

"아이고, 상처가 심하네요. 약부터 바릅시다."

"옷이 너무 더러워졌군요. 이 옷으로 갈아입으시오."

관동 노비들은 포졸들의 눈치조차 보지 않고 유생들의 옥바라

지를 했어. 도리를 중요하게 생각하는 집안에서 익힌 몸가짐이었지.
  윗사람들의 눈치나 보며 제 살 길만 찾은 대부분의 양반들에 비하면 오히려 더 가치 있는 삶을 산 사람들이야. 이 정도면 양반들에게 호통을 칠 만도 하지?
  "여보시오! 나에게 반말하지 마시오!"

알쏭달쏭 역사 확대경

주자학을 들여온 안향(1243~1306)

고려 때의 문신이자 학자로, 어릴 적 이름은 안유입니다. 고려 원종 때 문과에 급제하여 벼슬길에 나섰습니다. 1270년 삼별초의 난 때 강화까지 잡혀갔다가 겨우 탈출하였습니다.

그 후에 원나라에 들어가서 공자가 세운 유학의 한 줄기인 주자학을 연구하고 돌아왔습니다. 주자서를 손수 베끼고 주자의 초상화를 그려오기도 하였습니다. 당시의 고려는 불교를 국교로 받들고 있었지만, 승려들의 부패로 백성들은 다른 종교를 찾고 있었습니다. 따라서 안향이 들여온 주자학은 삽시간에 나라 안으로 퍼져나갔습니다.

안향이 들여와서 우리나라에 최초로 소개된 주자학은 고려를 멸하고 조선을 세우는 정신적인 토대가 되었습니다.

❶ **소수서원** 우리나라 최초로 임금이 이름을 지어 내린 사액서원이다. 조선 중종 때 풍기군수 주세붕이 안향을 제사하기 위해 사당을 지었고, 송나라 주자의 백록동서원을 모방하여 백운동서원을 그 곳에 지었다. 이후 풍기군수 이황의 요청에 따라 '소수서원'이라는 명종 친필의 사액이 내려졌다. ❷ **도동묘** 조선 숙종 때 안향과 중국 송나라의 주자를 모시기 위해 세운 사당이다. 사당 안에는 안향과 주자의 초상화가 놓여 있으며, 해마다 봄과 가을에 제사를 올리고 있다. 전라남도 곡성군 오곡면.

기묘사화

중종 14년(1519)에 남곤, 홍경주 등의 반정공신들에 의해 조광조 등 신진세력인 사림파가 화를 입은 사건입니다.

중종반정으로 임금이 된 중종은 반정공신 세력의 독주를 견제할 새로운 세력으로 사림파를 중용하였습니다. 사림파들은 조광조 등을 중심으로 세력을 형성하여 왕도정치 이념에 입각한 개혁을 추진하였고 점차 반정공신들과 갈등을 겪게 되었습니다.

기묘사화의 결정적 계기가 된 것은 공이 없이 공신에 책봉된 사람들을 삭제하는 문제였습니다. 공신의 4분의 3에 해당하는 76명이 공신에서 삭제되고 토지와 노비를 몰수당했습니다. 중종은 이렇게까지 되는 건 원하지 않았으

조광조 적려유허비 적려란 유배되어 간 곳을 이르고, 유허비란 위인의 자취를 밝히어 후세에 알리고자 세우는 비를 뜻한다. 이 비에는 조선 중종 때 유배당한 조광조의 내력이 적혀 있다. 전라남도 화순군 능주면.

나 사림파의 주장에 밀려 삭제를 인정하지 않을 수 없게 되자 위기감을 느껴 사림파를 견제할 방법을 모색하게 되었습니다.

반정공신들 역시 대응책을 모색하고 있었습니다. 이들은 '나라의 인심이 모두 조광조에게 돌아갔다'며 그대로 둘 경우 왕권이 위태롭게 될 것이라고 주장하고, 또 '주초위왕(조씨 성을 가진 사람이 왕이 된다)'라는 글자를 나뭇잎에 새겨 왕이 보게 함으로써 위기감을 갖게 하였습니다.

마침내 1519년 11월, 홍경주 등이 조광조가 임금을 속이고 국정을 어지럽혔으니 중죄로 다스려야 한다고 건의하자 중종은 이를 수용하였습니다. 이로 인해 사림파가 큰 화를 입었는데, 조광조는 능주로 귀양 가서 사약을 받았습니다.

심곡서원
조광조를 모시기 위해 세운 서원이다. 효종 때 '심곡'이라는 현판과 토지, 노비 등을 하사받았다. 경기도 용인시 수지읍.

늙은 충신은 피를 흘리고

"으헉!"

주위가 고요한 한밤중에 갑자기 비명 소리가 온 동네에 울려 퍼졌어. 이어 몇몇 사람들이 황급하게 몸을 피하는 듯 어지러운 발소리가 들렸지.

"대감! 정신 차리시오!"

"으음… 나는 괜찮다. 어서 몸을 피해라."

이 말을 마친 노인은 그만 정신을 잃고 말았어. 누군가가 그 노인의 머리를 철퇴(쇠몽둥이)로 치고 도망간 거야. 노인은 즉시 방으로 옮겨져서 치료를 받았어.

"으음, 나쁜 놈들……."

노인은 치료를 받으면서도 분한 듯이 누군가를 나무라고 있었어.

과연 이 노인은 누구이며 무슨 까닭으로, 또 누구로부터 습격을 받은 것일까?

습격을 받은 노인은 좌의정 김종서, 그를 습격한 사람은 왕위를 노리던 수양대군이었어.

때는 조선 단종 때의 일이야. 어린 조카 단종으로부터 임금 자리를 뺏고자 기회를 노리던 수양대군에게 가장 거추장스러운 사람은 김종서였어.

문신으로 세상에 나와 오히려 명장으로 이름을 날렸던 김종서. 그는 일찍이 세종 때 임금의 명을 받아 허술한 북방의 국경을 바로 세우는 데 큰 공을 세운 사람이야.

김종서는 여진족들이 마치 제 집 드나들 듯 오가며 행패를 일삼던 함경도에 6진을 설치하여, 그의 이름만 들어도 여진족들을 벌벌 떨게 한 명장이었지.

광릉 세조(수양대군)와 부인 정희왕후 윤씨의 무덤이다. 세종대왕의 둘째아들로 태어나 형 문종의 아들 단종을 내쫓고 왕위에 올랐다. 경기도 남양주시 진접읍.

성격은 불같고 곧아서 불의를 보면 참지 못했고 옳은 일에만 귀를 기울였으며 기개 또한 대단했어.

6진을 설치하고 나서 국경 앞에 서서 지은 시가 그의 거침없는 기개를 잘 보여 주고 있지.

삭풍은 나무 끝에 불고 명월은 눈 속에 찬데

만리 벽성에 일장검 짚고 서서
긴 파람 큰 한 소리에 거칠 것이 없어라

쉽게 풀이하면 다음과 같아.

북쪽에서 부는 세찬 바람은 나무 끝을 스치고
밝은 달은 더욱 차갑게 느껴지지만
멀리 떨어져 있는 국경 근처 성벽에 올라서
긴 휘파람과 큰 소리를 지르니 내 앞에 거칠 것이 없구나

국경의 겨울밤, 살을 에는 듯한 찬바람을 맞으면서 긴 칼을 잡고 여진족을 호령하던 김종서 장군의 모습이 눈에 선하게 떠오르지 않니?

김종서는 용맹했을 뿐만 아니라 나라에 대한 충성심과 백성들을 사랑하는 마음 또한 남달랐던 사람이야. 백성들 또한 김종서를 누구보다 더 따르고 존경했지.

그러니 수양대군이 단종을 없애고 왕이 되려면 꼭 김종서를 자기 편으로 만들든지, 아니면 없애든지 해야 했지.

게다가 김종서는 이미 수양대군이 무슨 일을 벌일지 짐작하고 있었어. 두 사람 사이에는 팽팽한 긴장감이 감돌고 있었던 거야.

권람(1416~1465)의 묘 고려 말, 조선 초의 문신인 권근과 아들 권제, 손자 권람의 3대묘이다. 권람은 세조를 도와 그를 왕위에 올리는 데 공을 세웠다. 충청북도 음성군 생극면.

모사꾼 권람이 수양대군에게 속삭였어.

"나리, 좌상 대감(좌의정, 김종서)을 빨리 없애야 합니다. 그가 살아 있는 한 우리의 계획은 이루기 힘듭니다."

수양대군이 못마땅한 표정을 지었어.

"그 용맹한 사람을 어떻게 없앤단 말이오? 주위엔 용감한 무사들도 많다던데."

한명회가 나서서 권람을 거들었어.

"그 점은 염려하지 마십시오. 벌써 만반의 준비를 갖추어 놓았습니다."

권람과 한명회는 수양대군을 임금 자리에 앉히기 위해 무슨 일이든 가리지 않고 해 온 사람들이야.

충신들을 죽이고 임금 자리를 차지하다

1453년 10월 10일 밤, 수양대군은 부하들을 거느리고 서소문 근처에 있는 김종서의 집을 찾았어.

권람은 만일을 대비하여 서대문 다락 위에 복병을 숨겨 놓을 만큼 사전 준비를 철저히 했지.

"이리 오너라!"

수양대군이 김종서의 집 앞에서 큰 소리로 외쳤어.

김종서와 이야기를 나누고 있던 아들 승규가 밖으로 나왔어.

"누구시오?"

"나, 수양일세. 좌상 대감은 안에 계시는가?"

"예, 계십니다. 안으로 드시지요."

승규가 들어오기를 권하자, 수양대군은 웃으면서 말했어.

"하하, 아닐세. 성문도 곧 닫힐 것 같고 하니 밖에서 좌상 대감

께 간단한 부탁 하나만 하고 가려네."

"그럼 잠시만 기다리시지요."

김종서는 수양이 왔다는 전갈에 잠시 의아했으나, 설마 자기 집에서 무슨 일이 있으랴 싶어 방문을 나섰어.

"어서 오시오, 수양 나리. 이 밤중에 어쩐 일이시오?"

수양이 깍듯이 예의를 차리며 대답했어.

"밤늦게 송구합니다. 실은 좌상 대감께 긴히 부탁 드릴 것이 있어서 지나가는 길에 잠깐 들렀습니다."

"무슨 일인지 말씀해 보시지요."

당시 단종 비인 송씨라는 사람이 몰래 동래로 가서 온천 목욕을 즐긴 일이 있었어. 이 일을 두고 옳지 못한 처사라 하여 선비들이 나무란 일이 있었지. 수양은 이것 때문에 왔다고 둘러댔어.

"제가 종친 어른으로서 잘 가르치지 못한 탓입니다. 부디 대감께서 이 일을 잘 처리해 주시면 고맙겠습니다."

"허허, 선비들이야 다 그러다가 말지요. 뭐 그깟 일을 가지고 걱정을 하십니까?"

김종서는 껄껄껄 웃으면서 수양에게 걱정 말라고 위로했어.

"대감께 잘 부탁 드립니다."

수양은 고개를 숙이는 척하면서 머리에 쓰고 있던 사모 뿔*을 일부러 떨어뜨렸어.

사모 뿔 관복을 입을 때 머리에 쓰는 모자를 사모라 함. 사모 뿔은 사모 뒤에 붙어 있는, 잠자리 날개 모양의 뿔.

"이런, 사모 뿔이 떨어졌네. 이것 참, 어디에 떨어졌는지 어두워서 보이지가 않는구먼."

수양은 떨어진 사모 뿔을 일부로 발로 짓이겨 버렸어. 그러고는 사모 뿔을 찾아 들고 너스레를 떨었지.

"이런! 다 망가졌구먼. 이런 꼴로 돌아갈 수는 없지 않은가. 대감, 제게 사모 뿔 하나만 빌려 주십시오. 왕족 체면에 사모 뿔 없이 밖에 나가기가 민망하군요."

김종서는 아무 생각 없이 그러라고 했어.

"얘, 승규야. 어서 들어가서 사모 뿔 하나 가져오너라."

아들 승규가 자리를 비우자 이제 김종서는 혼자가 되었어. 수양대군이 부하에게 명령만 내리면 철퇴가 날아들 판이었지.

그러나 날카로운 김종서의 눈초리를 본 순간 수양은 잠시 주저하지 않을 수 없었어. 순간 김종서의 눈길을 피할 수 있는 방법이 수양의 머리에 떠올랐어.

"대감, 사실은 부탁이 하나 더 있습니다. 이걸 좀 보십시오."

수양은 옷소매에 넣어 두었던 서찰 하나를 꺼내어 김종서에게 주었어. 김종서는 그 서찰을 받아들었지만 워낙 깜깜한 밤인지라 내용을 읽을 수가 없었어.

김종서가 서찰을 들고 달빛에 비춰 보려는 순간, 수양이 그의 종인 임운과 양정에게 재빨리 눈짓을 했어. 때를 놓치지 않고 임

운이 등 뒤에 숨겨 놓았던 철퇴로 김종서의 머리를 내리쳤어.

마침 아들 승규가 사모 뿔을 들고 나오다가 이 광경을 목격하고는 소리를 질렀지만, 그 역시 양정이 휘두른 칼에 쓰러지고 말았지.

틀림없이 두 사람이 죽었을 거라 생각한 수양대군 일행은 뒤도 돌아보지 않고 김종서의 집을 나와 계획대로 반대파들을 무참히 살해하기 시작했어.

가까스로 목숨을 구한 김종서는 피를 흘리면서도 궁궐로 들어갈 채비를 했어. 단종이 위험하다고 생각했기 때문이지.

머리에서는 피가 계속 흘러내렸지만 김종서는 가마꾼을 재촉했어. 그러나 궁궐로 들어갈 수 있는 성문은 굳게 닫혀 있었어.

"난 좌의정 김종서다! 어서 성문을 열어라! 급히 전하께 아뢸 것이 있다!"

김종서가 고래고래 소리를 질렀지만 성문이 열리기는커녕 개미 새끼 한 마리 얼씬하지 않았어. 이미 모든 성문은 한명회의 부하들이 맡아 지키고 있었기 때문이지.

각 성문을 돌아다니며 고함을 질렀지만 마찬가지였어. 오히려 자신이 살아 있다는 사실을 수양대군에게 알리는 꼴만 되고 말았지.

피를 워낙 많이 흘린 터라 김종서는 기진맥진하여 집으로 돌아갔어. 수양의 부하들이 다시 김종서의 집에 나타난 것은 김종서가 도착한 지 얼마 지나지 않아서였어. 그들은 죽음을 눈앞에 두고 있는 김종서를 향해 또다시 칼을 휘둘렀어.

한때 북방의 여진족을 정벌하여 국경을 넓히고 백성들로부터 많은 존경을 받았던 김종서는 그렇게 어이없는 죽음을 맞이했어.

김종서가 살았고 죽음을 맞이한 집터에는 현재 '농업박물관'

이 자리잡고 있어. 서대문로터리 적십자병원 맞은편에 있는 납작한 3층짜리 건물이 농업박물관이야.

 가끔 학교에서 견학을 다녀오라고 하는 농업박물관. 이 박물관에 들리거든 이 곳이 세종 때 6진을 개척했던 명장 김종서가 억울한 죽음을 맞이한 곳이라는 사실을 상기하고 꼭 묵념이라도 한번 올리도록 해.

❶❷ **농업박물관** 조선 세종 때 6진을 개척했던 명장 김종서의 집터에 세워졌다. 서울시 중구 충정로 1가.

4군 6진

신라가 삼국을 통일할 때 잃어 버린 북방의 영토를 되찾는 것이 고려, 조선 시대에 걸친 우리 민족의 소망이었습니다. 더구나 조선 태종 때는 그 지역에 자리잡고 있던 여진족들이 자주 국경을 침범하여 조선 조정의 애를 태우곤 했습니다.

이에 태종의 뒤를 이은 세종은 김종서를 시켜 두만강 유역의 여진족들을 몰

김종서(1390~1453) 장군 묘 어린 왕 단종을 보필하다가 수양대군에게 죽음을 당했다. 그가 개척한 6진은 두만강을 경계로 하는 우리나라의 국경선이 되었다.

아내고 경원, 종성, 회령, 부령, 온성, 경흥 등 6개 지역에 진을 두고 군대를 진주시켰는데 이를 6진이라고 합니다. 한편 세종은 후에 최윤덕을 시켜 압록강 유역인 여연, 자성, 무창, 우예 등 네 곳에도 여진족을 몰아낸 다음 군대를 진주시켰는데, 이를 4군이라고 합니다.

최윤덕(1376~1445) 장군 묘 대마도의 왜구를 소탕하고 황해도와 평안도 일대의 여진족을 물리쳤다. 무인으로서 좌의정에까지 올랐다. 경상남도 창원시 북면.

임 향한 일편단심

"네 이놈! 다시 한 번 입을 놀려 봐라!"

세조는 화가 머리끝까지 치밀어서 고래고래 고함을 질러댔어.

"하하하! 수양 나리, 고정하시지요."

온몸이 꽁꽁 묶인 채 피투성이가 되어 고문을 받고 있던 박팽년이 세조를 비웃었어.

"그래도 저놈이 짐을 나리라고 부르는구나! 여봐라, 주리를 마구 틀어라!"

세조는 이미 제정신이 아니었어. 수많은 사람들을 제물로 삼아 임금 자리에 올랐건만 그 동안 마음 편한 날이 하루도 없었어.

꿈에 나타날 정도로 많은 사람들을 죽였지만, 아직까지도 자신을 임금으로 인정하지 않는 사람들이 많았기 때문이야.

김시습을 비롯한 생육신은 벼슬을 박차고 나갔으며, 성삼문처럼 수양대군을 임금으로 인정하지 않다가 죽음을 당한 사람들도 많았어.

지금 죽음을 두려워하지 않고 세조의 약을 바짝 올리고 있는 박팽년 또한 사육신 중 한 사람이야.

차마 눈 뜨고 볼 수 없는 잔인한 고문이 끝난 다음, 세조가 또 박팽년에게 물었어.

"네 이놈! 넌 이미 내가 임금이 된 후에도 내가 주는 봉급을 받아먹고 살지 않았느냐? 내가 주는 봉급을 받았으니 네가 이미 나를 임금으로 인정한 것과 다를 게 뭐가 있느냐?"

박팽년이 쓴웃음을 지으면서 대답했어.

❶ **김시습(1435~1493)** 생육신의 한 사람으로, 승려가 되어 방랑 생활을 하며 절개를 지켰다. 우리나라 최초의 한문소설인 〈금오신화〉를 지었다. ❷ **무량사 김시습 부도** 김시습의 사리를 모신 부도이다. 김시습은 수양대군의 왕위 찬탈 소식을 듣고 불교에 귀의하여 무량사에서 입적하였다. 충청남도 부여군 외산면.

"나리! 소인은 한 번도 나리가 주는 봉급을 받은 일이 없소이다. 내가 충청감사가 된 것은 상왕(단종)께서 하신 일이지, 나리가 한 일은 아니지 않습니까?"

"저, 저, 저놈이 그래도 입을 함부로 놀리는구나! 그렇다면 나에게 공문서를 올릴 때 왜 자신을 '신(臣)'이라고 썼느냐? 그건 네가 내 신하라는 뜻이 아니었느냐?"

"하하, 나리! 이젠 눈마저 어두워지셨군요. 제가 올린 공문을 잘 살펴보십시오. 전 한 번도 '신'이라는 글자를 쓴 일이 없습니다. '신(臣)'이라고 써야 할 부분에는 하나같이 비슷한 글자인 '거(巨)'자를 써 놓았습니다."

세조는 분을 억지로 참으면서 다시 박팽년에게 물었어.

"네가 반역을 꾀하지 않았다고 한 마디만 하면 살려 주겠다."

박팽년은 세조의 말에 코웃음을 치면서 대답했어.

"반역이라뇨? 천만의 말씀입니다. 반역이야 나리께서 하지 않았습니까? 저희는 단지 반역을 일으킨 나리의 일파를 몰아내려고 한 것뿐입니다."

세조의 낯이 흙빛으로 변했어. 그의 인내가 한계에 도달한 거야.

"어서 저놈을 죽이고, 그 집안의 씨를 말려라!"

세조는 겨우 이 말을 마치고 비틀거리며 안으로 들어가 버렸어.

박팽년은 그 후 고문의 후유증으로 감옥에서 죽고 말았어.

세조는 박팽년이 죽고 나서 사육신 중 남은 사람들을 모조리 사형시켰어. 뿐만 아니라 대를 이을 수 있는 남자들도 모조리 죽음으로 몰고갔어.

그러나 사육신 여섯 명 중 유일하게 박팽년만이 대를 이을 수

박팽년(1417~1456)의 묘 사육신의 한 사람으로, 단종 복위를 꾀하다 발각되어 심한 고문을 받고 옥중에서 숨을 거두었다.

있었어. 박팽년이 대를 이을 수 있었던 것은 여종의 기지 때문이었어.

여종의 기지로 살아난, 박팽년의 후손

박팽년이 죽을 당시 박팽년의 며느리는 아기를 배고 있었지만 걱정이 태산 같았어.

이미 그 집안의 남자란 남자는 모두 죽었으며, 장차 태어날 뱃속의 아기가 아들일 경우엔 그 또한 죽을 운명이었기 때문이지.

박팽년의 손자가 태어나기 하루 전이었어. 마침 여종 하나가 여자아이를 낳았어. 박팽년의 며느리가 부러운 듯이 말했어.

"축하하네. 나도 자네처럼 딸을 낳았으면 좋겠네."

이 말을 들은 여종이 말했어.

"마님, 무슨 말씀을 그리 하십니까? 당연히 마님께서는 아들을 낳으셔야 합니다. 그래야만 돌아가신 대감마님의 대를 잇지 않겠습니까?"

"휴우, 누가 그걸 모르는가? 하지만 아들이라는 것을 알면 관에서 가만히 있겠는가? 당장 데려가서 죽이고 말 텐데……."

이튿날, 며느리는 건강한 사내아이를 낳았어. 그러나 그녀는 하나도 기쁘지 않았지. 아들을 낳았다는 소문이 퍼지면 곧 관가에서 아기를 데려갈 것이 뻔했기 때문이야. 며느리가 아기를 불쌍히 여기며 눈물을 흘리고 있을 때였어.

"마님, 소인 언년이입니다요."

어제 여자아이를 낳은 종이었어.

"들어오게."

언년이는 자기가 낳은 아기를 박팽년의 며느리에게 안겨 주면서 말했어.

"마님께서는 이 여자아이를 낳으셨습니다. 그리고 저는 이 가문을 이어갈 도련님을 낳았구요."

한동안 얼떨떨해있던 박팽년의 며느리는 곧 언년이의 말이 무슨 뜻인지 깨달았어. 그 날, 세상에서 단 두 사람만 이 사실을 안 채 아이들의 운명이 바뀌게 된 거야.

두 아이는 무럭무럭 잘 자랐어. 한 아이는 종의 아들로, 또 한

아이는 양반집 딸로 말이야.

언년이는 아이가 철이 들자 이 사실을 밝혔어.

"도련님은 충신 박팽년 대감의 후손이옵니다. 부디 몸가짐을 바로 가지셔야 하옵니다."

이후 박팽년의 후손은 계속 종으로 신분을 감추고 살아갔어.

세월이 흐르고 흘러 중종 때의 일이야. 나라에서는 그 당시 사육신의 행동이 옳았다는 해석을 내렸어. 그제서야 박팽년의 후손들은 제 신분을 밝힐 수 있었어. 그리고 훗날 선조는 이들이 그 동안 억울하게 살아왔다는 것을 인정하고 벼슬을 주어 보상했지.

사육신 중 유일하게 후손을 남긴 박팽년 집안. 그 집 여종의 기지가 아니었다면 결코 불가능했을 일이야.

세조의 노력은 물거품이 되고

사육신이 자신을 제거하려 했다는 보고를 받은 세조는 어떻게 해서든지 이들의 마음을 돌려 보려고 무진 애를 썼어. 더 이상 손에 피를 묻히고 싶지 않았을 뿐만 아니라, 이들의 능력과 사람 됨을 너무 아꼈기 때문이지.

❶ **정몽주(1337~1392)의 묘** 고려 말의 충신으로 호는 포은이다. 새 왕조를 세우려는 이성계에 끝까지 반대하다가 이방원에게 선죽교에서 살해당하였다. 묘비에는 고려 때의 벼슬만을 쓰고 있다. 경기도 용인시 모현면.
❷ **선죽교** 정몽주가 이성계를 문병하고 오다가 이성계의 아들인 이방원이 보낸 조영규 등에게 철퇴를 맞아 피살된 곳이다.

    세조는 평소 이들과 친했던 김질을 감옥에 보냈어. 이들의 마음을 돌려 보기 위해서였지.
    김질은 머뭇거리면서 이들에게 술병을 내밀었어. 그러고는 옛날 이방원(조선 태종)이 고려 말의 충신 정몽주를 회유하기 위해 읊었던 시조를 읊기 시작했어.

    이런들 어떠하리 저런들 어떠하리
    만수산 드렁칡이 얽혀진들 어떠하리

김질이 이방원의 시조를 읊자, 성삼문이 웃으면서 정몽주의 시조를 읊조렸어.

이 몸이 죽고 죽어 일백 번 고쳐 죽어…….

김질은 고개를 가로저었어. 이미 성삼문의 마음을 돌리기 어렵다고 생각한 거야. 김질은 박팽년에게로 눈길을 돌렸어. 김질의 눈길은 마치 이렇게 말하는 듯했어.
"난 진정 자네들을 살리고 싶네. 제발 내 뜻을 알아 주게."
그러나 박팽년 역시 김질의 눈길을 피하면서 시조를 읊었어.

까마귀 눈비 맞아 희는 듯 검노메라
야광명월이 밤인들 어두우랴
임 향한 일편단심이야 고칠 줄이 있으랴

이 시조를 쉽게 풀이하면 다음과 같아.

까마귀가 눈과 비를 맞을지언정 희게 변하겠는가?
야광구슬이 어둡다고 해서 빛을 잃겠는가?
단종 임금을 향한 나의 마음이 어찌 변할 것인가!

한때 절친했던 친구들을 살리기 위해 그리고 세조의 부탁을 받아 감옥을 찾았던 김질은 눈물을 머금고 돌아설 수밖에 없었어.

세조의 협박과 회유 그리고 한때 집현전에서 함께 밤을 새며 연구에 매진했던 친구의 설득에도 불구하고 의로운 죽음을 택한

박팽년이 살았던 집은 지금 남산 한옥마을과 붙어 있는 '한국의 집' 안에 있었어. 그리고 그 집터에는 박팽년이 심었다는 백송 한 그루가 있었고.

지금은 비록 사라지고 없지만, 한때는 '사육신의 한 분인 박팽년이 심은 소나무'라는 뜻으로 '육신송'이라 불리며 많은 사람들의 사랑을 받았다고 해.

아마 이 곳을 찾을 기회가 많을 거야. 부근에 옛 모습대로 잘 정리된 남산 한옥마을이 있으니까.

한옥마을에서는 명절 때마다 각종 민속행사가 열려서 사람들이 많이 찾곤 해. 추석이나 설 같은 명절 때 남산 한옥마을을 방문하거든 꼭 사육신을 떠올리고 박팽년의 집터를 확인해 보도록 해.

알쏭달쏭 역사 확대경

계유정란

1453년, 세종대왕의 둘째아들 수양대군이 어린 조카 단종 임금을 몰아내고 임금이 되기 위해 김종서, 황보인 등 조정의 핵심인물들을 제거한 사건입니다.

김종서 등은 자신들의 권력 기반을 강화하기 위해 수양대군의 동생 안평대군과 손을 잡았습니다. 수양대군은 권람, 한명회 등의 도움을 받아 김종서를 제거하고, 한명회가 작성한 살생부에 따라 황보인, 이양 등을 제거하였으며 정인지, 신숙주, 양성지 등은 세조의 대표적인 충신이 되었습니다. 이들은 세조를 도와 왕권을 강화하고 조선 전기의 문화 발달을 이끌었습니다.

 사육신과 생육신

1456년(세조 1년), 단종을 다시 임금으로 세우려는 모의를 하다가 발각되어 죽음을 당한 여섯 신하, 즉 성삼문, 박팽년, 하위지, 이개, 유성원, 유응부를 이르는 말입니다. 이들 중 무신이었던 유응부를 제외하고는 모두 집현전 학사들로서, 죽은 문종 임금으로부터 어린 세자(단종)를 잘 보필해 달라는 부탁을 받은 사람들이었습니다.

세조는 이 사건을 보고받고 이들을 직접 심문하였는데, 고문과 회유로 그들의 마음을 돌리려고 애썼지만 실패했습니다. 세조가 이들의 마음을 돌리려고 한 것은 이들이 학문적으로 매우 훌륭한 사람들이었기 때문입니다. 유성원은 일이 발각되자 자기 집에서 스스로 목숨을 끊었고, 박팽년은 고문을 이기지 못하고 감옥에서 죽었으며, 나머지 네 사람은 처형당했습니다. 사육신에는 들지 않지만 김문기 또한 이 사건에 연루되어 처형당했습니다.

사육신은 반역죄를 지은 것으로 기록되어 오다가 중종반정 이후 역적이 아닌 충신으로 인정되었습니다. 그리고 숙종 때는 뒤늦게 이들의 관직이 복구되었고, 묘를 세워 제사를 지내도록 하였습니다. 한편 사육신 외에, 세조 즉위 후 벼슬을 그만두고 끝까지 절개를 지킨 여섯 신하, 즉 이맹전, 조려, 남효온, 김시습, 성담수, 원호를 생육신이라고 부릅니다.

❶ **의절사의 위패**
❷ **의절사** 사육신의 위패를 모신 사당이다. 사육신 묘역 앞에 있다. 서울시 동작구 노량진1동.

아비의 노여움을 산 아들, 이방원

"천하에 몹쓸 놈 같으니라고!"

조선 태조 이성계는 무척 화가 나 있었어.

다섯째 아들 방원이 세자로 책봉된 그의 막내 동생 방석과 그의 스승이며 이성계의 충신인 정도전을 죽이고 임금 자리에 올

❶ **태조 이성계(재위 1392~1398) 어진** 1388년, 명나라 요동 정벌을 떠났다가 위화도에서 군사를 되돌려 고려 왕조를 멸하고 1392년 조선 왕조를 열었다.
❷ **의안대군(이방석, 1382~1398)의 묘** 세자로 책봉되었으나 왕자의 난 때 이방원에게 살해당하였다. 경기도 광주시.

랐기 때문이야.

그러자 이성계는 얼마 후 짐을 꾸려 함경도 함흥에 있는 별궁으로 떠나 버렸어.

"내가 살아 있는 한 다시는 방원을 보지 않을 것이다."

이성계가 함흥으로 떠나면서 한 말이야. 그로부터 몇 년의 세월이 흘렀어. 조선 제3대 임금 태종(이방원)은 임금으로서 매우 열심히 일을 했어. 동생을 죽이고 임금 자리에 올랐다는 약점을 감추기 위함도 있었지.

왕권을 강화시켰고 의정부와 육조를 만들어 정치를 안정시켰어. 이제 신하들과 백성들도 태종을 따르기 시작했어.

그러나 태종에게는 또다른 약점이 있었어. 그것은 다름 아닌 아버지 태조 이성계로부터 임금으로 인정을 받지 못했다는 점이야. 이 점을 늘 아쉽게 생각하고 있던 태종은 신하들에게 명령했어.

"이제 상왕(이성계)께서도 화가 많이 풀렸을 것이다. 사람을 잘 설득하는 재주가 있는 사람을 골라 함흥으로 보내어 상왕을 설득해 모셔오도록 하라!"

태종의 명령을 받든 신하 하나가 함흥으로 떠났어.

"상왕 전하를 모셔오라는 전하의 분부가 계셨사옵니다."

함흥에 도착한 태종의 차사*가 이성계에게 아뢰었어.

차사 중요한 임무를 맡기어 보내던 임시 벼슬.

"그놈의 일은 입 밖에 꺼내지도 말라!"

이성계의 화가 아직 풀리지 않은 듯했어.

"그만 노여움을 푸시고 돌아가시지요. 전하께서는 아직도 상

왕 전하를……."

차사의 말이 채 끝나기도 전이었어.

"이놈! 방원의 이야기를 하지 말라고 하지 않았느냐?"

화가 머리끝까지 오른 이성계는 허리에 차고 있던 칼을 꺼내어 차사의 목을 베어 버렸어.

이 소식을 들은 태종의 가슴은 찢어질 듯이 아팠어. 그러나 한편으로는 오기가 생기기도 했지.

"꼭 상왕 전하를 모셔올 것이다."

태종은 다시 함흥으로 차사를 보냈어. 그러나 차사는 돌아오지 않았어. 그 후로도 몇 번이나 차사를 보냈지만, 역시 그들은 돌아올 줄 몰랐어. 모두 이성계에게 죽음을 당하고 만 거야.

"그 사람, 함흥차사인가? 간 지가 언젠데 돌아올 줄을 모르니……."

이런 말이 생긴 것도 바로 이 때부터였어.

하여튼 이제 함흥차사로 떠나는 것을 두려워하지 않는 사람이 없었어. 함흥차사로 가라는 명령을 받은 사람의 집은 초상집과 다름이 없었지. 심지어는 함흥으로 가던 도중에 도망을 치는 차사들까지 생겨났어.

태종은 머리를 싸매고 고민을 했어. 그 때 누군가가 태종에게 아뢰었어.

"전하! 너무 심려하지 마십시오. 박순이라는 자에게 사람을 설득하는 기가 막힌 재주가 있다고 하옵니다. 박순은 틀림없이 상왕 전하를 설득할 수 있을 것입니다."

함흥차사가 된 박순의 기지

 함흥차사로 떠나라는 태종의 명을 받은 박순은 다리가 후들후들 떨렸어. 이제 자기는 죽은 목숨이나 다름이 없었기 때문이지. 태종이 박순에게 말했어.
 "난 그대가 꼭 성공하리라 확신하고 있소. 그러나 만약 실패한다면 내가 그대의 가족들을 잘 보살펴 주겠소."
 "황공하옵니다."
 박순이 임금에게 절을 하고 집으로 돌아왔어. 이미 소문을 들은 박순의 집안은 온통 슬픔에 차 있었지.
 "대감! 이 일을 어쩌면 좋아요?"
 "아버지! 차라리 깊은 산 속으로 도망치십시오!"
 부인과 가족들은 박순을 붙잡고 하염없이 눈물을 흘렸어.
 "울지들 마라. 내가 함흥에 간다고 해서 꼭 죽으란 법도 없지 않느냐? 무슨 수를 써서라도 살아서 돌아올 테니 너무 걱정하지

마라."

이튿날부터 박순은 이성계를 설득할 궁리를 하느라 밤낮으로 고민했어. 드디어 박순이 함흥으로 떠나는 날이 다가왔어. 박순은 태종에게 하직 인사를 올렸어.

"전하! 지금 함흥으로 떠나고자 하옵니다."

태종이 안타까운 표정으로 박순에게 말했어.

"꼭 성공하시오. 그리고 뭐 필요한 것은 없소?"
"전하! 제게 어미 말과 새끼 말을 한 마리씩만 주십시오."
"무엇에 쓰려고?"
"상왕 전하를 설득할 재료입니다."
태종은 고개를 갸웃거리면서도 박순의 부탁을 들어 주었어.
박순은 어미 말과 새끼 말을 몰고 함흥으로 떠났어.
박순은 이성계를 만나기 전에 먼저 새끼 말을 어미 말에게서 억지로 떼어 놓았어. 그러자 새끼 말은 새끼 말대로, 어미 말은 어미 말대로 구슬프게 울부짖기 시작했어. 함흥 별궁 안은 온통 말들의 슬픈 울음소리로 떠나갈 듯했지.
그제서야 박순은 이성계를 찾아갔어.
"그대는 어쩐 일로 나를 찾아왔는가?"
"상왕 전하! 그저 함흥을 지나다가 문안 인사를 드리려고 왔습니다."
"그래? 요즘 한양 사정은 어떠한가?"
"별일은 없사옵니다."
그 때였어. 어미 말과 새끼 말의 울부짖는 소리가 이들의 대화를 방해했어.
박순이 일부러 조용조용 말을 했기 때문에 말들의 울음소리가 더욱 크게 들렸어. 이성계가 얼굴을 찌푸리면서 화를 냈어.

"저게 무슨 소린가? 시끄러워서 대화를 나눌 수가 없구먼!"

이 때 박순이 이성계를 설득하기 시작했어.

"상왕 전하! 저 소리는 새끼 말이 어미 말을 찾아 우는 소리입니다. 말 같은 짐승들도 어미를 잃으면 저리 슬프게 울부짖으며 찾아헤매는데, 사람의 경우라면 어떠하겠습니까?"

박순은 태종에 관한 말은 한 마디도 하지 않은 채 이성계를 설

득했어. 이성계는 눈을 지그시 감고 무언가를 생각하는 듯하더니 조용히 박순에게 말했어.

"방원이 그러라고 시키던가?"

"아니옵니다. 제가 느끼기에 전하의 마음이 그러한 것 같아 상왕 전하께 전하는 것뿐이옵니다."

"알았다. 곧 돌아갈 준비를 할 테니 한양에 알리거라!"

박순은 비로소 안도의 한숨을 쉬었어. 두 마리의 말이 박순의 목숨도 구하고 이성계의 마음도 돌린 거야.

아버지가 돌아온다는 소식을 들은 태종은 기쁜 마음으로 이성계를 맞을 준비를 서둘렀어.

태종은 하륜에게 명령을 내렸어.

"뚝섬 부근에서 아버지를 기다릴 것이니 그 곳에다 큰 차일을 치도록 하시오!"

하륜은 즉시 뚝섬에 큰 차일을 치고 이성계를 맞을 준비를 했어. 태종도 직접 나가 환영 준비 작업을 지시했어.

아들을 향해 화살을 날린 아비, 이성계

태종이 뚝섬에서 며칠 밤을 보내면서 이성계를 기다리고 있던

어느 날이었어. 멀리서 요란한 말발굽 소리가 들려왔어. 이성계가 도착한 거야. 태종은 차일 밖으로 나가 아버지가 나타나기만을 기다렸어.

이성계는 멀리서 자신을 맞이하기 위해 나와 있는 태종을 보았어. 그러자 이성계는 갑자기 옛일이 떠올랐어. 아직 이성계의 마음이 완전히 풀린 것은 아니었어. 이성계는 태종을 보자 또다시 화가 치밀어올랐어. 그래서 자기도 모르게 활을 들어 태종을

향해 쏘았어.

"쉬잉~!"

화살은 다행히 태종 바로 옆 차일기둥에 날아가 박혔어. 태종으로서는 가슴이 철렁 내려앉는 순간이었어.

태종이 무사한 것을 확인한 이성계는 그제야 아들 방원이 하늘의 뜻에 따라 임금이 되었다고 느꼈어.

"허어! 저놈은 과연 천명을 타고났구나!"

활쏘기에서는 이성계를 따를 자가 없었어. 비록 나이가 들어 솜씨가 줄었다고는 하지만, 이성계는 자기가 쏜 화살이 태종을 피해 가자, 이를 천명을 타고난 것이라 여겨 태종을 용서하기로 마음먹었지.

이 사건 이후 사람들은 화살이 꽂힌 이 터를 '살꽂이 벌'이라고 불렀어. '화살이 꽂힌 벌판'이란 뜻이지.

오늘날 살꽂이 벌에서 태종이 차일을 쳤다는 흔적은 발견할 수 없어. 그러나 살꽂이 벌 부근에는 태종이 놓게 했다는 '살꽂이다리'가 자리잡고 있어서 그 때의 사실을 기억하게 해.

조선시대에는 돌다리를 놓지 않는 것이 관례였어. 외적의 침입이 많았던 터라 그들이 쉽게 한강을 건너지 못하게 하기 위해 일부러 돌다리를 놓지 않았던 거야.

그럼에도 불구하고 태종이 세종에게 임금 자리를 물려 주고 나서 이 다리를 세우게 한 것은 무슨 이유에서였을까? 그것은 다름이 아니라 자기가 죽고 나서 묻힐 묘지 터로 통하는 길이었기 때문이야.

임금 자리에서 물러난 태종은 자기가 묻힐 묘지 터를 잡는 데 주로 시간을 보냈다고 해. 태종은 묘지 터를 잡은 다음 자기의 묘지를 후세 임금들이 쉽게 찾아오게 하기 위해 튼튼한 돌다리

살곶이다리
조선 전기에 만들어진 다리 중 규모가 가장 큰 다리로, 모두 64개의 돌기둥을 사용하였다.

를 놓게 했던 거야.

태종이 죽고 나서 성종 때 이 살곶이다리는 더욱 커졌어. 〈성종실록〉에 살곶이다리 재건축에 관한 이야기가 다음과 같이 소개되어 있어.

"돌을 1만 개나 들여 다리를 늘렸다. 그 길이는 3백 보(한 걸음의 단위)나 되었는데, 구조가 튼튼하여 오가는 사람들이 마치 평평한 땅을 밟는 것 같았다."

그 당시로서는 큰 공사였어. 실제로 살곶이다리의 길이는 258척(약 78미터)이 넘었고, 넓이는 20척(약 6미터)인 큰 다리였어.

그러나 살곶이다리는 고종 때 큰 수난을 당하고 말았어. 대원군이 힘을 쓰던 시절, 다리의 넓이는 3척(약 90센티미터)으로 줄었어. 경복궁을 다시 짓는 데 필요한 돌들을 이 다리에서 빼내어 썼기 때문이야.

한양대학교에서 성수동 방향으로 성동교를 건너다 보면 왼쪽에 돌다리가 나타나는데, 이 다리가 바로 살곶이다리야.

제1차 왕자의 난

배다른 동생 방석이 세자로 책봉되자 신의왕후 소생 왕자들의 불만이 상당히 컸습니다.

특히 조선 왕조 개국에 가장 공이 컸던 이방원은 정권을 좌지우지하고 있던 정도전, 남은 등과 갈등을 빚고 있었습니다. 정도전은 사병 해체, 군사권의 집중을 통해 왕실의 힘을 약화시키고 신하 중심의 집권 체제를 강화하려고 하였습니다.

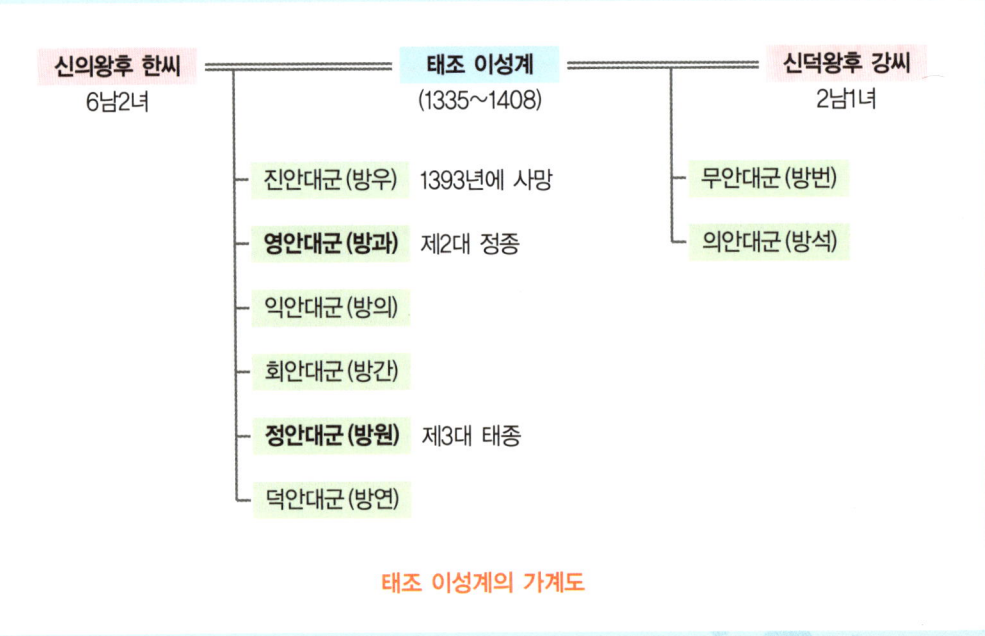

태조 이성계의 가계도

이에 1398년 이방원은 정도전, 남은 일파를 제거하고 세자 방석과 그의 형 방번도 살해하였습니다. 이를 '제1차 왕자의 난' 이라고 합니다.

 ## 제2차 왕자의 난

1차 왕자의 난 결과 둘째아들 방과가 왕위에 올라 정종이 되었습니다. 그런데 정종에게는 아들이 없었고, 그러자 방간과 방원이 세자 자리를 놓고 1400년 1월, 무력 충돌을 벌였습니다. 이를 '제2차 왕자의 난' 이라고 합니다.

방원을 도운 공이 있으나 일등공신에 오르지 못해 불만이었던 박포는 방간이 방원에게 불만이 있음을 알고 방간의 거병을 부추겼습니다. 둘은 치열하게 싸웠으나 결국 방원의 승리로 끝났습니다. 방원은 마침내 세자로 책봉되고 그 해 11월에 왕위를 물려받아 태종이 되었습니다.

| 찾아보기 |

ㄱ

강화도　77
계유정란　140
곽재우　29
관동　95
광해군　89
광희문　78
공자　109
권당　103
권람　44, 119, 140
권율　28, 36
기묘사화　105, 110
김사형　54
김수온　19
김시민　29
김시습　128
김종서　115, 140
김질　136

ㄴ

남곤　110
남산 한옥마을　17, 18
남은　158
남한산성　75
남효온　141
노루목　83

노수신　20
농업박물관　124

ㄷ

대청황제공덕비　84
독산성　36
두만강　127

ㅁ

마른내　17
명륜동　95
몽진　76
몽촌　53
몽촌토성　57

ㅂ

박순　149
박팽년　128
박포　159
방간　159
방과　159
방번　159
방석　158
백토고개　75
병자호란　75, 90
봉림대군　91

ㅅ

4군　127
사림파　110
사명대사　29
사육신　128, 140
살곶이다리　155
살곶이 벌　155
살생부　140
삼별초의 난　109
삼전도　83
삼천갑자 동방삭　61
삼학사　90
생육신　128, 140
선농단　102
선죽교　136
설렁탕　101
성균관　95
성담수　141
성삼문　128
소현세자　91
송파나루　78
수양대군　44, 115
숯내　61
시구문　78
시왕　70
신숙주　140

ㅇ

안평대군　140
안향　96, 109
압구정　43
압록강　127
양성지　19, 140
양정　122
여진족　116
염라대왕　70
영규 대사　38
오금동　75
오준　84
왕자의 난　158
원호　141
유성룡　26
유성원　140
유응부　140
6진　116
이개　140
이괄　77, 89
이립　89
이맹전　141
이방원　136, 145
이성계　54, 145
이순신　32
이윤종　52

161

인조반정 89
임경업 89, 91
임운 122
임진왜란 27

ㅈ

정도전 145, 158
정몽주 136
정묘호란 89
정봉수 89
정인지 140
조광조 105
조려 141
조은흘 53
조헌 29, 38
주자학 109
주초위왕 110
지장보살 70
진주대첩 37

ㅊ

청일전쟁 84
최경지 52
최명길 90
최윤덕 127
칠백의총 38

ㅌ

탄천 61, 91

ㅍ

평양성 36

ㅎ

하위지 140
한명회 44, 119, 140
한산도대첩 37
함흥차사 148
행주대첩 36
허균 19
홍경주 110
《홍길동전》 19
홍인록 20
황보인 140
후금 89
훈구파 105

| 사진자료찾기 |

ㄱ

공주 공산성 76
곽재우 장군 유허비 31
광릉 116
광화문 네거리에 서 있는 이순신 장군 동상 35
권람의 묘 119
귀암사 19
김사형의 묘 54
김수온 묘 19
김시습 129
김종서 장군 묘 126

ㄴ

남산골 한옥마을 18
남한산성 남문 80
〈남한산성도〉 82
남한산성 수어장대 90
농업박물관 125

ㄷ

도동묘 109
독산성 36

ㅁ

명량해역 35

몽촌토성 57
몽촌토성의 목책 56
무량사 김시습 부도 129

ㅂ

박팽년의 묘 132
변성대왕 70
병산서원 28

ㅅ

사명대사 석장비 30
살곶이다리 156
삼전도 그림 83
삼전도비 86
서울문묘 대성전 95
서울문묘 명륜당 96
석전대제 100
선농단 102
선죽교 136
성균관 서재 97
세마대 36
소수서원 109
심곡서원 111

ㅇ

안향 98

163

〈압구정도〉 43
압구정지 48
연직사자 71
옛날의 광희문 78
옛 행주대첩비 37
오도전륜대왕 71
오준 필적 84
옥연사 21
우저서원 39
월직사자 71
의안대군의 묘 145
의절사 141
의절사의 위패 141
이순신 장군이 사용하던 장검 35
이순신 장군이 쓰던 허리띠 35
임경업 장군 비 91

ㅈ

정몽주의 묘 136
조광조의 묘 105
조광조 적려유허비 110
징비록 32

ㅊ

창렬사 91

최명길의 묘 90
최윤덕 장군 묘 127
충민사 29
충효당 27
칠백의총 38

ㅌ

탄천 62
태산대왕 70
태조 이성계 어진 145

ㅍ

파주삼릉(공릉) 45
파주삼릉(순릉) 45
표충비 39

ㅎ

한명회 신도비 44
해인사 홍제암 30
행주산성 충장사 37

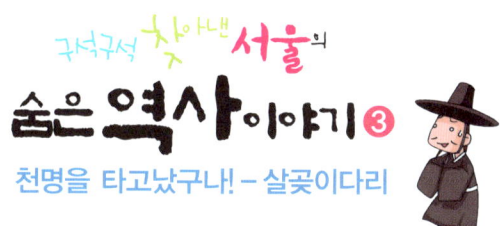

2009년 2월 1일 초판 1쇄 인쇄 | 2009년 2월 5일 초판 1쇄 발행 | 글 권영택 | 그림 김건 | 펴낸이 안경란
펴낸곳 책먹는아이 | 주소 서울시 종로구 와룡동 119-1번지 동원빌딩 509호 | 전화 02-763-1628 | 팩스 02-763-1629
ISBN 978-89-959804-8-4 (73980)

ⓒ책먹는아이 2009 *잘못된 책은 구입하신 서점에서 바꾸어 드립니다.

*이 책의 사진은 당사에서 직접 찍거나 서울특별시청 및 블로그 山寺愛人의 허락을 받아 게재한 것이므로
 무단 전재 및 복제를 금합니다. 단, 흑백 사진은 서울특별시청과 무관함을 알려 드립니다.
 저작권자를 찾지 못하여 부득이하게 먼저 사용한 사진이 있습니다.
 저작권자가 확인되는 대로 게재 허락을 받고 합당한 사용료를 지불하도록 하겠습니다.